Cornelia König-Becker

Mein Kind von 0 bis 3

Ein Elternbuch für die wichtigsten Lebensjahre

Cornelia König-Becker

Mein Kind von 0 bis 3

Ein Elternbuch
für die wichtigsten Lebensjahre

Urania-Ravensburger

Die Autorin: Cornelia König-Becker studierte Pädagogik und Soziologie und hat eine Ausbildung als Kunsttherapeutin. Sie arbeitet als Dozentin im Bereich pädagogische Medien und ist Mutter von zwei Kindern. Bei Urania-Ravensburger veröffentlichte sie den erfolgreichen Ratgeber „Mein Kind von 3 bis 6".

Für Katja

Bei Urania-Ravensburger zum Thema erschienen:
Heike Baum: Papa, spiel mit mir. 1000 tolle Ideen und Tipps. ISBN 3-332-01135-9
Ute Diehl, Karl Diehl: Die beste Betreuung für mein Kind. Tagesmutter, Oma, Krippe, Hort & Co. ISBN 3-332-01134-0
Helga Gürtler: Regeln finden ohne Tränen. Erziehungstipps für gestresste Eltern. ISBN 3-332-00717-3
Simone Harland: Messer, Gabel, Schere, Licht … Gefahren für Kinder erkennen und vermeiden. ISBN 3-332-01095-6
Sandy Jones: Schlafende Babys – ruhige Nächte. ISBN 3-332-00870-6
Cornelia König-Becker: Mein Kind von 3 bis 6. Ein Elternbuch für die wichtigsten Erziehungsjahre. ISBN 3-332-00700-9
Barbara Reck-Irmler: Unser Baby. 100 Fragen und Antworten zum ersten Jahr. ISBN 3-332-01136-7
Margarethe Schindler: Die häufigsten Erziehungsprobleme … und wie man sie löst. ISBN-3-332-01091-3
Dr. Miriam Stoppard: So fördere ich mein Kind. ISBN 3-332-00846-3
Gertrud Teusen: Das Trotzalter. Rat für Eltern in schwieriger Zeit. ISBN 3-332-01029-8

Die Deutsche Bibliothek – CIP-Einheitsaufnahme
Ein Titeldatensatz für diese Publikation ist bei Der Deutschen Bibliothek erhältlich.

© 2000 Urania-Ravensburger in der Dornier Medienholding GmbH, Berlin

Umschlaggestaltung: Behrend & Buchholz, Hamburg
Fotos: Adobe Image Library (5); Digital Stock (6); Digital Vision (13); John Foxx (1); Goodshoot (1); Ketz Technik GmbH, Roland Dach (6); MATTEL GmbH (1); MEV (2); Milupa (1); Photo Alto (4); Photo Disc (4); Stockbyte (8); Werner Waldmann (19)
DTP: Karolina Stuhec Meglic
Korrektur: Johannes Knapwerth
Redaktion: Dr. Magda Antonic
Eine Buchproduktion von MediText, Stuttgart
Druck: Appl aprinta, Wemding
Printed in Germany

ISBN 3-332-01130-8
Gedruckt auf alterungsbeständigem Papier mit chlorfrei gebleichtem Zellstoff

04 03 02 01 00 5 4 3 2 1

Inhalt

Einleitung

Dieses Buch möchte Eltern nicht belehren, wie sie „gute Eltern" werden. Es möchte sie vielmehr dabei unterstützen, das Baby und sich selbst in ihrer Beziehung zueinander besser zu verstehen. Eltern sind per se schon „gute Eltern", denn sie verfügen über eine ganz natürliche Kompetenz und eigene Intuition, um ihrer Aufgabe gerecht zu werden. Sie und ihr Baby sind mit allen notwendigen Fähigkeiten ausgestattet, um miteinander gut zurechtzukommen. Aber, wie das nun mal mit guten Anlagen und Fähigkeiten so ist, sie müssen gehegt, gepflegt und weiterentwickelt werden. Und dafür bietet dieses Buch Hilfestellung.

In letzter Zeit wird in Veröffentlichungen viel über die angeblichen „Kompetenzen" von Babys und Eltern gesprochen. Fachleute meinen damit, dass beide, Eltern und ihr Baby, sogar das Neugeborene, über Verhaltensweisen verfügen, die zueinander passen und eine feine gegenseitige Abstimmung ermöglichen. Diese Fähigkeit, sich aufeinander einzustellen und sich in der daraus entstehenden Bindung optimal voranzubringen, ist der Weg, auf dem Babys zu Persönlichkeiten heranwachsen und Eltern „gute Eltern" werden.

Das Zusammenspiel von Mutter und Baby, Vater und Baby, das normalerweise intuitiv und spontan klappt, kann auch mal Störungen unterliegen. Ursachen gibt es viele, auf beiden Seiten. Gut ist es, wenn Eltern sich nicht gleich Sorgen machen, sondern ihrer Intuition und ihrem Kind vertrauen. Noch besser ist es, wenn sie auch auf Wissen zurückgreifen können, das ihnen Sicherheit bei der Beurteilung von einzelnen Phasen, Hürden und Krisen in der Entwicklung des Kindes vermittelt. Dieses Wissen sollte aber mehr Zusammenhänge als bereits hinlänglich bekannte Fakten und Daten beleuchten. Weil Entwicklung so individuell und so vielfältig ist, helfen Tabellen und schematische Darstellungen von „Entwicklungsstufen" wenig. Im Gegenteil, sie verunsichern noch mehr, weil das eigene Baby, die persönliche Alltagssituation nicht in ein Schema passen. Frauen und Männer sind auch sonst Leute, die Leben und Beruf kompetent und selbstständig meistern. Mit einem berechtigten Anspruch auf Information und Wissen möchten sie ihre neue Rolle als Mütter und Väter gut vorbereitet angehen.

Dieses Buch konzentriert sich auf die wesentlichen Fragen, die Eltern (neben den medizinischen Tatsachen) vor allem bewegen, wenn sie ein Baby bekommen oder das Baby schon da ist:

- Was bringt das Baby an Anlagen mit, wenn es auf die Welt kommt?

- Wie wird es zu der Persönlichkeit, die es unter den gegebenen Bedingungen werden könnte?

- Was tragen wir als Eltern bewusst und unbewusst dazu bei?

- Was sollten wir über seine Entwicklung wissen, um es angemessen unterstützen zu können?

Die zahlreichen Fragen und Antworten, die sich daraus ergeben, führen zu erstaunlichen Erkenntnissen über die Fähigkeiten des Babys bei seiner Reise durch das „Wunder" des ersten und der zwei darauf folgenden Jahre. Die „Kompetenzen", die das Baby dabei aktiv einbringt, sind in der Tat oft „Wunder" – man muss sie nur sehen und fühlen können.

Das Wissen über die frühe Entwicklung, über die Art und Weise des Babys, sich seinen Eltern mitzuteilen, hilft nicht nur über Hürden hinweg. Es hilft auch dabei, Dinge zu sehen, die sonst verborgen blieben, die aber das Leben mit dem Baby reicher und lebendiger machen. Schon in der Schwangerschaft beginnt die aufregende Zeit mit dem Kind. Nicht nur der Körper verändert sich, die gesamte Person scheint von Verwandlung erfasst. Jede werdende Mutter möchte verstehen, was da eigentlich mit ihr geschieht, denn dieser „Aufruhr der Gefühle" umfasst viel mehr als nur Vorfreude.

Bereits in der Schwangerschaft beginnt der Dialog mit dem Kind, das schon ein Eigenleben in seinem geschlossenen Universum führt. Seine Mutter spürt es – es spürt seine Mutter: eine tiefe Bindung entsteht.

Viele Fragen und Zweifel gehen einer werdenden Mutter durch den Kopf und sie tauchen später, wenn das Baby da ist, in neuen Variationen auf: Werde ich eine gute Mutter sein können? Wie lässt sich das Muttersein mit meinem Leben und mit meinen sonstigen Idealen vereinbaren? Was für eine Person wird mein Baby werden? Kann ich mich auf meine Fähigkeiten, meine Liebe, mich selbst verlassen? Wie ist es mit dem Partner, was geht in ihm vor? Wie wird das Kind unsere Beziehung verändern?

Nach der Geburt sind die Eltern meist überwältigt von der Wirklichkeit „ihres" Babys. Es gibt ihnen erste Signale, dass es nichts mehr möchte, als eine intensive Bindung zu ihnen einzugehen. Aus der ersten Bindung wird eine Beziehung, in der das Baby nicht nur ein rührend hilfloses kleines Wesen ist, sondern auch ein aktiver Partner. Was es vor allem braucht, aber auch reichlich zu verschenken hat, sind bedingungslose Zuwendung, Zärtlichkeit, Geborgenheit, Körpernähe und Vertrauen. In dieser Sicherheit kann es alle Entwicklungsaufgaben auf seine persönliche Art und Weise lösen. Eltern, die das beherzigen und etwas über ihre Kompetenz und über die des Babys in Erfahrung gebracht haben, können mit Zuversicht und Gelassenheit das Leben mit ihrem Baby in seiner Vielfalt erfahren und sie wissen: Wir und unser Baby sind einmalig und wir haben ein wirklich liebenswertes Kind.

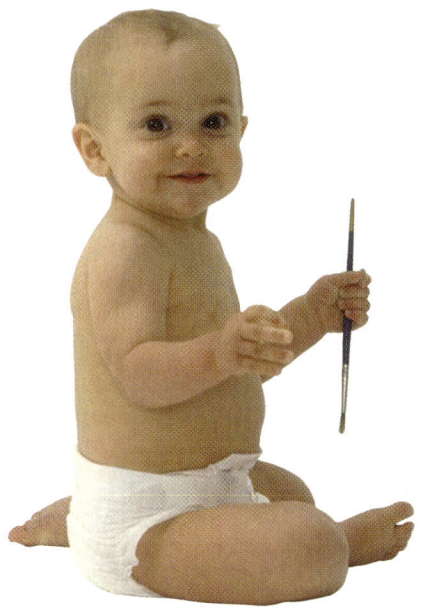

SCHWANGERSCHAFT: ZEIT DER VORBEREITUNG

Ob sich die Gewissheit, schwanger zu sein, langsam ausbreitet oder es die Mutter wie ein Schlag trifft – in beiden Fällen gilt: Nichts bleibt so, wie es ist. Ein neuer Lebensabschnitt beginnt.

Schwanger! Im Aufruhr der Gefühle

Für die einen wird ein Traum wahr, für andere vielleicht eine Befürchtung zur Gewissheit. Alle erleben einen Aufruhr der Gefühle, vom Leben erfasst, himmelhoch jauchzend oder von dunklen Ahnungen bedrückt. Keine Frau, die den Beginn ihrer Schwangerschaft bewusst erlebt, kann sich dem Ansturm der Gefühle und Fantasien entziehen, der ihre körperliche Verwandlung begleitet.

Die Verwandlung beginnt

Die Schwangerschaft ist eine Zeit der Vorbereitung und Anpassung an die inneren und äußeren Veränderungen.

Es gibt Frauen, die diesen „Zustand" erhebend finden, als wäre das Leben in sie hineingeflutet. Aber auch weniger freudige Empfindungen sind möglich: beunruhigende Gefühle, Erschrecken vor dem fremden Lebewesen, das sich einnistet, ja womöglich auch Panik vor dem unaufhaltsam sich ausbreitenden Wachstum im eigenen Leib. Gerade in den ersten Wochen der Schwangerschaft sind Körper und Geist vollauf damit beschäftigt, die inneren Veränderungen zu verarbeiten. Was ist das für ein Wust von Erwartungen, Fantasien, Befürchtungen, Selbstzweifeln, Glücksmomenten, den eine Schwangerschaft ins Rollen bringt?

Die neun Monate der Schwangerschaft sind eine Zeit der Vorbereitung und eine Zeit der Verarbeitung. Sie bietet nicht nur der schwangeren Frau, sondern auch ihrem Partner Gelegenheit, sich seelisch und körperlich auf ihr neues Leben vorzubereiten. Dabei werden sowohl die Auswirkungen der verschiedenen Phasen der Schwangerschaft verarbeitet als auch bewusste und unbewusste Gefühle. Es sind Gefühle aus der persönlichen Lebensgeschichte von Frau und Mann, die sich nun zu Mutter und Vater wandeln. Ein Verwandlungsprozess, der nicht nur den Körper der Frau erfasst, sondern auch die Beziehung zu ihrem Partner. In der Beziehung kann sich verstärkt das Bedürfnis nach Nähe und gemeinsamer Regression äußern oder aber nach emotionalem Rückzug, Distanz, Unruhe und Angst vor der gemeinsamen ungewissen Zukunft. Die eigenen

Gefühle und die künftige Verantwortung für neues Leben, für ein Leben als Eltern in einer neu sich formierenden Familie, aktivieren Freude über die Gewissheit, reif und erwachsen zu sein, wie auch ein verstärktes Abhängigkeitsgefühl.

Begegnung mit der eigenen Kindheit

Viele zukünftige Eltern zieht es wieder verstärkt zu ihren eigenen Eltern. Ein emotionaler Rückzug innerhalb der Familie ist Gelegenheit und Hilfe, sich auf die kommenden Veränderungen vorzubereiten.

Werdende Mütter und werdende Väter haben das Bedürfnis, sich neu zu organisieren. Dieser Prozess von Neuorganisation und Anpassung umfasst auch intensive innere Kämpfe und zwiespältige Gefühle, die aus der eigenen Familiengeschichte herrühren. Diese Mobilisierung alter und neuer Gefühle, die mit der Schwangerschaft einhergehen, sind ein wichtiger Anpassungsvorgang – und eine Chance der Reifung.

Es tut den zukünftigen Eltern gut, dieses Spektrum an positiven und negativen Gefühlen zu verstehen und als Chance anzunehmen. Oft gesellt sich zu der anfänglichen Hochstimmung die bange Gewissheit, dass es kein Zurück mehr geben wird. Das aufkeimende Bewusstsein der künftigen Verantwortung mobilisiert Stolz und Befürchtungen. Egal wie unabhängig und gereift man sich bisher gefühlt hat, die künftige Elternschaft versetzt erwachsene Menschen in die eigene Kindheit zurück.

Werdende Eltern haben die Chance, ein ganzes Spektrum an Gefühlen zu verstehen und anzunehmen.

Die Fantasien führen die Zukunft mit der eigenen Kindheit zusammen. Das „Wie es werden soll" verbindet sich zum Beispiel mit einem „Nicht wie bei meinen Eltern" oder begegnet den Erinnerungen an Kämpfe. Im Rückblick erscheint die eigene Kindheit selten jemandem als ungetrübtes Vergnügen. Es leben die vielfältigsten Erinnerungen und Bilder wieder auf. Meist entsteht der Wunsch, es besser, zumindest anders zu machen als die eigenen Eltern. Viele sind sich dessen gewiss, ein größeres Maß an Souveränität als diese entwickelt zu haben. Aber auch intensive Gefühle der Dankbarkeit gegenüber der eigenen Familie und der Wunsch nach Wiederannäherung entfalten sich in dieser Lebensphase neu. Sie enthalten die Möglichkeit der Versöhnung und eines gereiften Verständnisses füreinander.

Die Begegnung mit der eigenen Kindheit hilft dem Paar, sich auf seine Rolle vorzubereiten; der Wunsch, es besser zu machen, die positive Perspektive auf die eigenen Fähigkeiten unterstützen das Zutrauen zu sich selbst und dem Kind, das „erschaffen" wird.

Tagträume, Wünsche und Sorgen

An irgendeinem Punkt stellt sich meist die Frage: „Wie konnte ich nur?". Wilde Träume und Ängste machen sich breit, Sorgen verdüstern die Aussicht auf ein „rosiges" Baby. Kaum eine werdende Mutter, die nicht von Anomalien und Behinderungen träumt oder sich schreckliche Gefährdungen ausmalt.

Intensive Gefühle machen schwangere Frauen verletzlich und rückzugsbedürftig.

Die Ambivalenz, die solchen Ängsten zugrunde liegt, gehört zu den normalen Anpassungsvorgängen einer Schwangerschaft. Die Intensität der schwankenden Gefühle und Sorgen macht schwangere Frauen verletzbar und rückzugsbedürftig. Um zu bewältigen, was in ihr an Mächten waltet, mobilisiert eine werdende Mutter zunehmend Abwehrkräfte. Sie hegt und pflegt die bewussten Wünsche, das Baby „wirklich" zu bekommen und eine tolle Mutter zu werden. Dabei helfen ihr die idealisierten Bilder der glücklichen Mutterschaft und eines hinreißenden Babys.

Die meisten Frauen erfüllt ihr schwellender Körper mit Stolz. Sie möchten es sich nie mehr nehmen lassen, der nährende Leib für dieses sich entfaltende Leben zu sein: ausgeliefert an ein lebendiges Wagnis. Viele erleben das als faszinierende, zutiefst existenzielle Nähe zum Leben.

Wir wünschen uns alle, „ein bisschen" unsterblich zu sein. Das Kind schließt die Hoffnung für die Fortdauer der eigenen Existenz mit ein. Das Verrinnen der Zeit erscheint in einem anderen Licht. Im Aufruhr der Gefühle sehnt sich eine schwangere Frau nach Verständnis und Unterstützung, ja sogar Bemutterung, um sich selbst auf das Bemuttern vorzubereiten. Mit dem emotionalen Anpassungsprozess müssen sich die Hormone und andere körperliche Vorgänge auf ein verändertes Gleichgewicht einpendeln. Tagträumereien und heftiges nächtliches Träumen spielen in diesem Stabilisierungsprozess eine wichtige Rolle. Diese innere Arbeit wird begleitet von dem Bedürfnis, für angemessene und sichere soziale und ökonomische Bedingungen zu sorgen.

Es verlangt dem Partner „unter Umständen" einiges Einfühlungsvermögen ab, den Rückzug, das In-sich-hinein-Lauschen, das Anlehnungsbedürfnis seiner schwangeren Frau richtig zu verstehen und angemessen zu beantworten. Sie muss mit ihrer ganzen Persönlichkeit den „Fremd-Körper", der sich in ihrem Inneren einnistet, akzeptieren.

Jedes Kind hat einen Vater und eine Mutter – ein Paar hat das Kind gezeugt. Es ist dem Kind zu wünschen, dass es von Anfang an eine verlässliche mütterliche und eine verlässliche väterliche Bezugsperson hat. Der neugeborene Mensch ist zu Beginn seines Lebens über einen langen Zeitraum auf den Schutz einer mütterlichen Pflegeperson angewiesen. Er braucht die kontinuierliche Fürsorge und liebevolle Zuwendung in der stabilen Beziehung „seiner Erwachsenen", damit sein Start ins Leben gelingt. Wie gut, wenn die Vorbereitung darauf, die Vorfreude und die Anstrengung gemeinsam durchlebt werden.

Der Anfang einer tiefen Bindung

Die ersten Gedanken und Fantasien, die Gewöhnung an die Vorstellung „schwanger zu sein", werden abgelöst durch die wachsende Realität der körperlich manifesten Schwangerschaft.

Das Baby klopft an

Wenn im Laufe des 5. Monats das künftige Baby zart von innen anklopft, seine ersten Bewegungen spürbar sind, ist eine neue Stufe der Vorbereitungszeit erreicht. Die ersten Bewegungen des Fötus und die Erkenntnis, dass das Baby Realität ist, lassen nicht nur die Schwangerschaft wirklicher erscheinen, sondern auch neue Fantasien entstehen.

Wenn das Baby Realität wird, entstehen auch neue Fantasien und Ängste.

Der offenkundig vorhandene Fötus wird als getrenntes Wesen wahrgenommen und so wird eine Beziehung möglich, aus der die Bindung an das spätere Kind reift.

Die Fantasien nehmen nun konkretere Gestalt an, Jungen oder Mädchen werden erträumt. Ängste, irgendetwas könnte die kleine Leibesfrucht in Gefahr bringen, steigen auf. Depressionen und Selbstzweifel wechseln mit Phasen des Hochgefühls ab. Träume über das Leben mit dem Baby

15

ziehen vorbei, über seine wunderbare Vollkommenheit, wie es lacht, wie es spielt. Dann färben wieder Befürchtungen das schöne Bild: „Was, wenn das Baby gar nicht so vollkommen ist? Bin ich überhaupt in der Lage, ein intaktes Baby zu bekommen? Was geschieht, wenn es behindert ist, krank, todkrank. Wenn etwas bei der Geburt passiert!" Komplikationen, Gefahren, Sterben – die erschreckende Erkenntnis, dass der Tod immer ein Gegenspieler des Lebens ist, beschäftigt jede schwangere Frau in irgendeiner Weise. Die ungeheuer erhebende Tatsache, Leben schenken zu können, wird eingeholt von der Erkenntnis, wie unsicher und verletzlich das Leben ist. Wo Leben entsteht, ist seine Vergänglichkeit auch nah.

Verantwortung für das Leben

Das Durchspielen solcher Gedanken, die Ehrfurcht vor dem „Leben-Schenken" ist in dieser Situation sicherlich angemessen. Es kann dem Leben der zukünftigen Eltern eine reifere Dimension verleihen und ihre Verantwortung für das Leben überhaupt vertiefen. Das Durcharbeiten von Zweifel und Hoffnung begleitet die Schwangerschaft, bis das Kind dann tatsächlich auf der Welt ist.

Das Durchspielen von Möglichkeiten kann in konkreten Situationen dazu beitragen, Enttäuschungen zu mildern.

Je mehr solche Gedankengänge zugelassen werden, desto besser werden die Eltern auf alles vorbereitet sein: Auch auf die Vergeblichkeit aller Anstrengungen, auch auf das mögliche Scheitern, den Verlust. Das Durchspielen von Möglichkeiten kann in konkreten Situationen viel dazu beitragen, Schmerz und Enttäuschung zu bewältigen, Ängste zu mildern, aber auch das große Glück bewusst zu erleben. Doch genauso wichtig wie dieses Durcharbeiten ist der Genuss der Schwangerschaft. Der Genuss der Kommunikation mit dem kleinen Gast im eigenen Körper.

Werdende Väter

Für den werdenden Vater ist es nicht immer leicht, an diesem intensiven Geschehen teilzuhaben. Er muss mit seinen eigenen widerstreitenden Gefühlen fertig werden. Vielleicht solchen, die er aus Rücksicht auf seine Partnerin nicht mitteilen möchte, oder weil er zögert, Schwäche zu zeigen. Ist der sich verändernde weibliche Körper noch der, der ihn anzog? Oder weckt er jetzt Ängste, stößt ab oder ist er in seiner sich rundenden Weiblichkeit besonders anziehend? Manche Männer sind von Zweifeln geplagt, wie sie sich verhalten sollen, ihre Unsicherheit kratzt an ihrem Selbstbild. Andererseits ist die Schwangerschaft seiner Frau für den Mann natürlich ein Anlass zu Stolz und Freude, schließlich hat er einen wesentlichen Teil dazu beigetragen. Nur jetzt muss er sich mit diesen widerstreitenden Gefühlen auseinander setzen. Er freut sich auf das Baby und steht doch daneben. Er hat es mitgewünscht und geplant, aber wie kann er jetzt seine Anteilnahme zeigen?

Seine schwangere Partnerin vermittelt ihm neue Anforderungen, irgendwie fühlt er sich vereinnahmt, angebunden. Ihre Wünsche verändern sich: Sei zärtlicher, sensibler, nicht so fordernd, sei nah, aber zurückhaltend. Der werdende Vater muss sich mit seiner Sexualität und der Liebesbeziehung zu seiner Frau neu auseinander setzen, jede Phase der Schwangerschaft ist auch für ihn eine Herausforderung.

Auch er hat Wünsche und Konflikte, die nun wieder belebt werden. Vor allem hat auch er ein Ideal, wie ein Vater sein sollte, er setzt sich mit dem Vorbild, seinem Vater, auseinander und auch er möchte es anders machen. Er möchte die Zweifel an seiner Potenz und Vollkommenheit überwinden und sich in einem Ebenbild widerspiegeln und erneuern. Der Wunsch, Nachkommen des eigenen Geschlechts zu zeugen, ist bei Männern deutlich stärker als bei Frauen. Ein Sohn wird häufig dazu ausersehen, die Zweifel zu zerstreuen, die „mann" hinsichtlich seines männlichen Selbstbildes hegt.

Distanz oder Nähe?

Ebenso wie die werdende Mutter begibt sich der Vater innerlich immer wieder in seine Fantasiewelt, um sich den neuen Verhältnissen anzupassen, sie „durchzuarbeiten". Allerdings bleibt Vätern ein größerer Spielraum, sich innerlich und äußerlich einzulassen. Manche sind von dem ambivalenten Gefühl, ausgeschlossen oder gefesselt zu werden, derart geschockt und aus dem Gleichgewicht gebracht, dass sie lieber gleich auf Distanz – in welcher Form auch immer – gehen.

Die meisten aber fühlen sich herausgefordert von der Verantwortung und gehen die neue Lage enthusiastisch an. Daraus kann ein starkes Bedürfnis erwachsen, die Partnerin in jeder Hinsicht gut zu versorgen und

Werdende Väter möchten an dem intensiven Geschehen teilhaben und stehen doch oft daneben.

durch die Schwangerschaft zu begleiten, die Vorfreude mit ihr zu teilen. Eine intensive Nähe und Teilnahme kann entstehen. So wächst und reift mit der Verantwortung füreinander und für das gemeinsame Kind die Beziehung.

Vater zu sein beginnt in der Schwangerschaft und ist ein Entwicklungsprozess, der von gesellschaftlichen Möglichkeiten oder Ansprüchen ebenso beeinflusst ist wie von subjektiven Voraussetzungen.

Auch Männer arbeiten intensiv an ihren Gefühlen, um sich den neuen Verhältnissen anzupassen.

Heute wird es immer üblicher, dass Männer die Schwangerschaft ganz konkret begleiten, indem sie z.B. an Vorsorgeuntersuchungen, Schwangerschaftsgymnastik und Geburtsvorbereitungskursen teilnehmen. Auch die Planung und die Teilnahme an der Geburt ermöglichen das Hineinwachsen in die Väterlichkeit. Später wird die kontinuierliche Präsenz dazu beitragen, die Vaterfreuden genießen zu können.

Über das Leben im Mutterleib

Irgendwann im Laufe des fünften Schwangerschaftsmonats spürt die werdende Mutter, wie sich das Kind in ihrem Bauch rührt, sie berührt. Es bewegt sich. Ein Echo, eine Bestätigung seines Daseins und der Anfang einer Beziehung. Die frühe Bindung, die mit dem Anklopfen des kleinen Wesens in seiner Behausung beginnen kann, ist ein Kommunikationsprozess, in dem vieles geschieht.

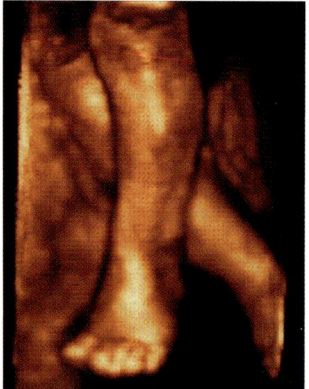

Die Beinchen des Fötus auf einem 3-D-Ultraschallbild

Das Innere der Mutter ist wie ein vollkommenes Gehäuse, in dem der werdende Mensch nun unaufhaltsam wachsen wird, umspült und umgurgelt, gehalten und gewiegt, in sanftes Hell und Dunkel getaucht, um sich schließlich mit aller Macht abzustoßen.

Dem Schutz der Mutter anvertraut

Wie lebt der Fötus eigentlich? Nimmt er schon etwas wahr? Wenn ja, wie kann man etwas darüber in Erfahrung bringen? Früher war der Bauch eine undurchdringliche Hülle, ein geschlossener rätselhafter Ort, in den niemand hineinsehen konnte. Heute werden durch verschiedene vorgeburtliche Untersuchungsmethoden, aber vor allem durch den Ultraschall

18

die Verhältnisse dort offenkundig. Selbstverständlich sind sie von hohem Wert, um Risiken einschätzen zu können.

Zahlreiche Beobachtungen, die Schwangere im Laufe der Jahrhunderte gemacht haben, erwiesen sich durchaus nicht als unhaltbare Fantasien oder Spekulationen. Vieles, was an Rückschlüssen auf das körperliche und psychische Leben des Fötus gezogen wurde, kann durch die moderne Ultraschalltechnik bestätigt werden. Beobachtbar geworden ist vor allem das Bewegungsverhalten des kleinen Fötus im Bauch seiner Mutter.

Heute kann man das Bewegungsverhalten des Fötus sehr genau beobachten.

Über die Motorik des Fötus lassen sich auch indirekt fötale Wahrnehmungen untersuchen, da sie sich in Bewegungsreaktionen niederschlagen. Auch die Aktivität zentraler Funktionen wird in Form von Koordination und Aktivierung verschiedener motorischer Mechanismen sichtbar. Die Vielfalt der fötalen Bewegungen und Aktivitäten vermittelt wichtige Informationen über Sinneswahrnehmungen und Gehirnfunktionen. Für die Mutter erkennbar bilden sich Zyklen und Muster der fötalen Bewegungen und Aktivitätsgrade heraus.

Die herkömmliche Vorstellung, dass die intrauterine Umwelt ein dunkler, stiller Raum sei, in dem der kleine Fötus abgeschirmt von der Außenwelt gegen nahezu jede Stimulation geschützt heranwachse, ist mittlerweile weitgehend revidiert. Heute wissen wir, dass die intrauterine Welt alles andere als ein statisches, gleichförmiges Universum bildet.

Die Erforschung einer geheimnisvollen Welt

Die wissenschaftliche Erforschung der fötalen Bewegungen begann gegen Ende des 19. Jahrhunderts. Man bediente sich dabei verschiedener Techniken, beispielsweise versuchte man Bewegungen durch die Bauchwand zu tasten und gleichzeitig mit dem Stethoskop abzuhören. Man erkannte schon damals, dass die spontanen Bewegungen des Fötus lange vor der 12. Schwangerschaftswoche beginnen, und man interpretierte Zusammenhänge zwischen Motorik und Entwicklung. Man gelangte auch zu dem Schluss, dass der Fötus Fruchtwasser trinkt. Solche „modernen" Ansichten wurden schließlich durch die Erfindung des Ultraschalls bestätigt.

Ein 11 Wochen alter Fötus auf dem 3-D-Ultraschallbild. Auf der rechten Seite sind weitere 3-D-Ultraschalbilder von Föten abgebildet.

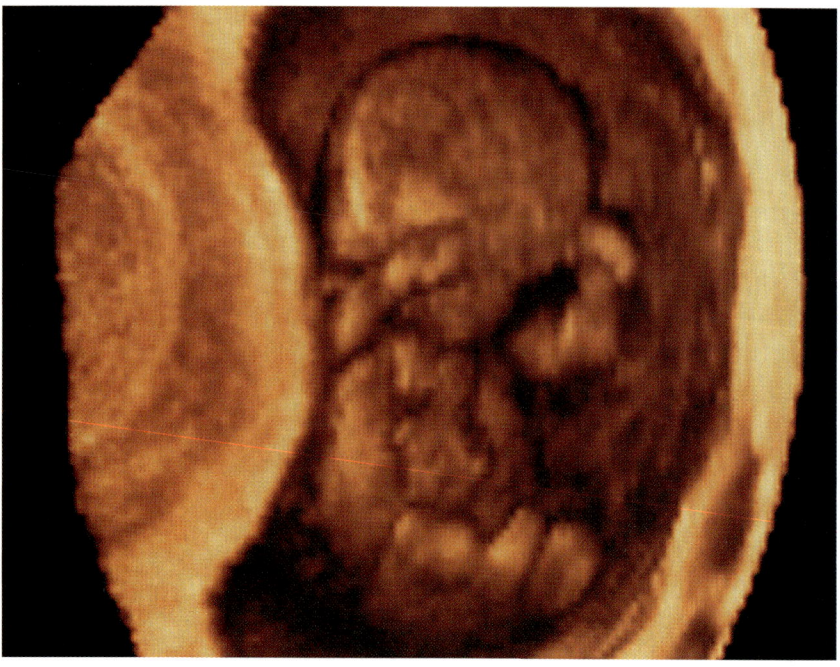

Die motorische Entwicklung im Mutterleib bereitet das Kind perfekt auf das Leben in seiner künftigen Umwelt vor.

Das gesamte Bewegungsrepertoire des neugeborenen Kindes lässt sich schon vor der Geburt beobachten. Ein Großteil der motorischen Entwicklung findet im Mutterleib statt und bereitet die Anpassung des Neugeborenen an seine Umwelt vor. Bereits in der 6. bis 7. Woche lassen sich wahrnehmbare sanfte, kreisende Bewegungen erkennen. Während der 8. Woche setzen die ersten deutlichen Bewegungsabläufe ein, wie langsames Beugen und Strecken der Wirbelsäule und Lageveränderungen der Arme und Beine. Von der 10. Woche an erweitert sich das Repertoire sehr schnell. Um die 13. Woche sind Hand-Gesicht-Kontakte zu erkennen, Schließen der Hände, Schluck- und Atembewegungen, Gähnen, Öffnen des Mundes, zarte Bewegungen der Finger. Mechanische Stimuli rufen eine Schreckreaktion hervor. Es ist aber auch eine Gewöhnungsfähigkeit des Fötus gegenüber Reizen nachweisbar. Nach weiteren zwei Wochen saugt das kleine Wesen an seinen Fingern. Dann, zwischen der 16. und 20. Woche, nimmt seine Mutter erste „schmetterlingshafte" Bewegungen wahr. Nach der 20. Woche lassen sich isolierte Bewegungen einzelner Finger, der Füßchen und der Augenlider beobachten. Um die 26. bis 28. Woche reagiert der Fötus auf Reize von außen, z.B. auf akustische Reize, mit dem Drehen des Kopfes oder der Beschleunigung des Herzschlags.

Erste individuelle Unterschiede

Zwar weisen Föten desselben Schwangerschaftsmonats identische Verhaltensmuster auf, doch es lassen sich auch individuelle Unterschiede feststellen, die während der Schwangerschaft erhalten bleiben. Jeder Fötus entwickelt ein eigenes Muster von Präferenzen und Initiativen in Bezug auf seine Bewegungen und die Häufigkeit der Aktivität.

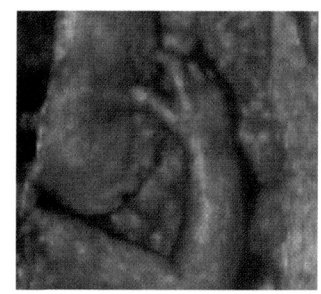

Auffällige Bewegungsmuster können Hinweise auf Probleme sein. Normalerweise zeigt sich innerhalb eines Zeitraums von 10 Minuten irgendeine Form von Bewegung. Im 6. Monat ist ein Fötus ungefähr 14 % des Tages (24 Stunden) aktiv.

Die Verhaltenszustände Ruhe, Aufmerksamkeit, Schlafphasen lassen sich, wie beim Neugeborenen, auch beim Fötus beschreiben. Sie scheinen nicht vom Schlaf der Mutter beeinflusst zu werden. Viele Frauen können gegen Ende der Schwangerschaft einen Tagesrhythmus ihres Fötus und seine unterschiedlichen Verhaltensweisen beschreiben: z.B. ob er leicht schläft, im Tiefschlaf oder in einem lebhaften Wachzustand ist.

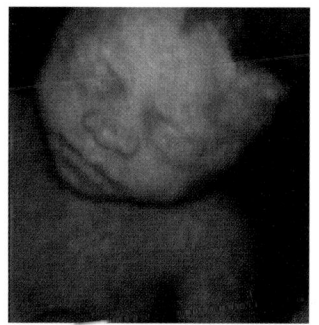

Im zweiten Drittel der Schwangerschaft reagiert der Fötus auf Reize von innen und außen, seine Sinnesorgane funktionieren, er reagiert auf Druck, Berührung, Wärme, Licht usw.

Von Untersuchungen weiß man, dass er im letzten Schwangerschaftsdrittel verlässlich auf visuelle, akustische und kinästhetische Reize reagiert. Sein Schmerzempfinden scheint sich zu entwickeln. Geräusche bewirken eine Erhöhung der Herzfrequenz und schnellere Bewegungen.

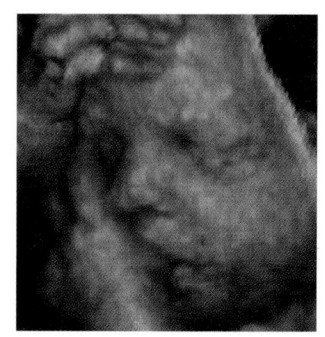

Der Fötus trinkt täglich eine erhebliche Menge Fruchtwasser und sein Geruchs- und Geschmackssinn sind bereits gut entwickelt. Vermutlich ist es in der intrauterinen Umwelt nicht einfach düster oder dunkel, sondern Licht schimmert, gefiltert durch die mütterliche Bauchdecke, hinein.

Mit dem Heranwachsen des Fötus verändert sich auch der Uterus, seine Wand dehnt sich, wird dünner. Je nach Ernährung und Hormonstatus verändert sich die Zusammensetzung des Fruchtwassers. Die intrauterine Umwelt unterliegt einer prozesshaften Veränderung. Der Fötus, der in ihr wächst, ist aber auch schon mit der großen äußeren Umwelt

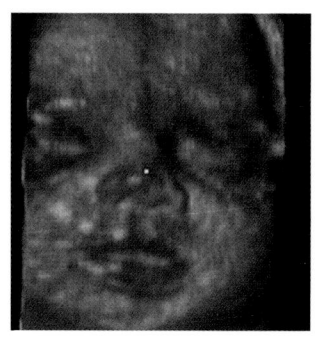

durch die Vielfalt der Reize und charakteristischen Erfahrungen verbunden, die für ihn von Bedeutung sein können. So kann man zusammenfassend sagen, dass das neugeborene Baby viele Signale schon im Mutterleib kennen gelernt hat und sogar schon Reaktionsmuster ausformt. Das ungeborene Baby nimmt seine Umwelt nicht nur „zur Kenntnis", sondern ist auch bereit, auf seine Weise darauf zu reagieren.

Die Anfänge des Lebens

Auch wenn wir viel über das vorgeburtliche Leben wissen, in vielerlei Hinsicht eingreifen können, so sind wir doch nicht in der Lage, es wirklich zu beeinflussen – und man möchte sagen, das ist auch gut so. Die Anfänge des Lebens legen eine gewisse respektvolle Zurückhaltung nahe.

Unsere Vermutungen und Schlussfolgerungen über das intrauterine Leben sind immer auch Projektionen unserer jeweiligen Einstellungen darüber, wie unser Leben beginnt. Zwar können wir vermuten, dass der Fötus in einem weitgehend spannungsfreien „idealen Raum" lebt, dem mütterlichen Leib, der ihn lückenlos versorgt, sicher umhüllt, zu seiner Vervollkommung fast grenzenlos zur Verfügung steht – wir können dies Harmonie, Glück, Wohlbehagen nennen, aber wirklich wissen können wir es nicht.

Was wir mit Gewissheit sagen können, ist, dass das Baby auf seinen Eintritt in die Welt gut vorbereitet ist. Auch die Mutter hat innerlich und in ihrer Umgebung alle Vorbereitungen getroffen, um das Kind auf der Welt zu empfangen. In den letzten Wochen beginnen Erwartungen und Bilder, die sie sich von dem Kind gemacht hat, sich aufzulösen. Sie stellt sich auf die Beziehung zu einem realen Baby ein.

Gebären und geboren werden

Wichtig ist es, dass alles gut geplant ist. Das gibt Sicherheit für die Geburt des Kindes.

Wenn die Geburt bevorsteht, ist die Mutter in der Lage, den Schock der Trennung körperlich und seelisch zu bewältigen und sich an ihren Säugling und die neue Beziehung anzupassen. Sie wird die Realität ihres Babys anerkennen können und ihre eigenen Bedürfnisse mit den seinen in Einklang bringen wollen.

Als Paar vorbereitet sein

Auch der Vater sollte sich auf die Entbindung vorbereiten. Seine Einstellung und sein Verhalten sind von großem Einfluss auf die Geburt und die erste Bindung an das Neugeborene.

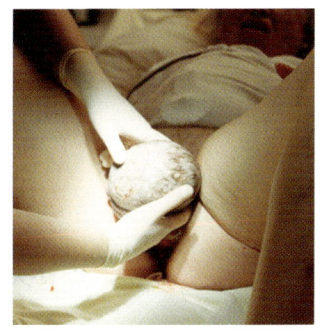

Ein Vater, der seinen Gefühlen von Ausgeschlossensein und Ambivalenz ins Auge geschaut hat und bereit ist zu einer Umwandlung der Zweierbeziehung in eine Dreierbeziehung, tut nicht nur für sich, sondern für sein Kind und seine Partnerin sehr viel. Studien haben ergeben, dass es einen direkten Zusammenhang zwischen der Einstellung des Partners und einer positiven Geburtserfahrung gibt.

Wie sehr Väter konkret bei der Geburtsvorbereitung mitmachen, mit ihren Frauen Kurse besuchen und auf eine unmittelbare Teilnahme bei der Geburt eingestellt sind, ist keine Frage des Eifers, sondern des gegenseitigen Respekts. Paare sollten hier in der Lage sein, sich ihren gegenseitigen Bedürfnisse und Befürchtungen zu öffnen. Manche Frauen empfinden Schwangerschaftsgymnastik und Atemübungen als „Frauensache". Sie möchten während der härtesten Phase der Geburt sich völlig auf ihren Körper und die „Zusammenarbeit" mit dem professionellen Team im Kreißsaal konzentrieren. Es gibt Männer, die ihrer Frau sehr nahe sind und dennoch in der letzten Phase der Geburt nicht dabei sein wollen oder können. Das ist alles „respektabel".

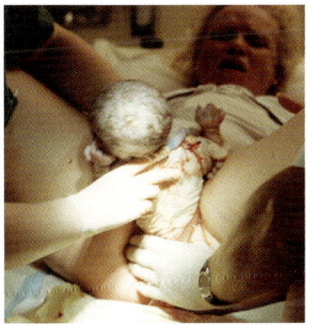

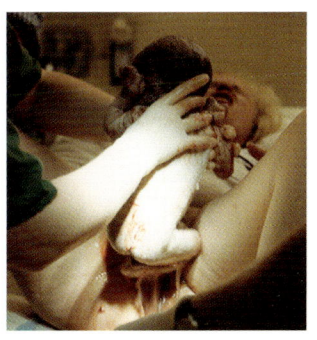

Weil man sich im entscheidenden Moment den Ereignissen überlassen muss, ist es das Beste, sich vorher über alles ausgetauscht zu haben. In den Tagen um die Geburt kann man zusammen planen, sich alles vorstellen und ausmalen, sich Gefühle eingestehen, aber auch noch einmal ganz praktische Schritte überlegen. Das Gefühl, alles gemeinsam gut vorbereitet zu haben, gibt Sicherheit für die Geburt des Kindes und die Zeit danach.

Der Weg in die Welt

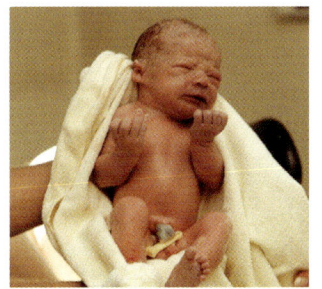

Was wird die Geburt für das Kind sein? Ein gnadenloser Sturz in die kalte Welt, der es von einem Zustand der Vollkommenheit in seine tatsächliche Hilflosigkeit stößt? Oder ist es dort angekommen, wo es mit aller Macht hinstrebte – auf der Welt –, um sein individuelles Wachsen vollenden zu können? Vielleicht fühlt das Baby nach seiner gefahrvollen Reise aus der allmählich zu eng gewordenen Leibeshöhle trotz der erschreckenden Reize, die nun auf es einstürmen, eine Erleichterung wie nach einer geglückten Flucht?

Nicht nur das Kind, auch die Frau wird neu geboren: Als Körper ist sie wieder für sich, entbunden der parasitären Zwei-Einheit und sie wird als Mutter geboren.

Der gewaltsame Loslösungsprozess, in dem sich Mutter und Kind zur Welt bringen, ist ein unvergleichbares Erleben voller Gegensätze. Diese Loslösung ist so ambivalent, weil auch immer bei Mutter und Kind ein Widerstand gegen die Trennung wirksam ist, die aber doch beide ersehnen und die dann schließlich von der Natur erzwungen wird. „Die Natur" ist nicht nur harmonisch und so steht am Beginn des menschlichen Lebens eben beides: Lust und Glück sowie Schmerz.

Gebären: Ein Wunder aus Fleisch und Blut

Die amerikanische Schriftstellerin Phyllis Chesler beschreibt in ihrem Tagebuch die Geburt ihres Sohnes sehr eindrucksvoll als Hinundhergeworfensein zwischen Ehrfurcht und Angst, überwältigendem Schmerz und existenzieller Glückseligkeit.

Mit einem Kind wird auch eine Familie geboren.

Sie spricht mit ihrem Sohn: „Mitternacht. Es geht nicht voran. Ich komme nicht voran ... Ich will aufgeben, dich aufgeben, gebären. Aber ich kann nicht ... Wie viele Zentimeter sind es eigentlich, die du ins Sein zurücklegen musst? ... Diese Reise endet nie. Ich bin erfüllt von Angst und Mitleid um dich ... Die Zeit steht völlig still. Ich bin schon ewige Zeit hier ... Es gibt nur dieses Hochsteigen, diese Geburtsarbeit. Wasser! Ich blase einen Erdklumpen ins Sein, hauche Adam den Atem ein ... Ich drücke dich hinaus, sehr langsam, während ich dich in einem festen Tunnel aus Luft halte, der mein Körper ist ... Ich bin fortgeflogen, schlage mit den Flügeln, bin an der Zimmerdecke. Ich kann nicht sehen, was sich abspielt. Es ist vorbei für mich. Da ist das Kind. Das Kind ist da ... Du bist es! Das Kind aus meinem Traum ... Das ist unglaublich ... Ach, du bist so nackt! Ich habe noch nie jemanden so nackt gesehen. Mutternackt ... Gebt ihn mir! Ich möchte das Kind!"

Bei keiner Geburt lässt sich verlässlich vorhersagen, wie sie ablaufen wird.

Die gewaltige Emotionalität und Erschütterung während des Gebärens führen uns die existenzielle Bedeutung vor Augen, die dieses Ereignis hat. Und dann, wenige Stunden später hat sich die Welt weiter gedreht und Phyllis ist nicht mehr dieselbe: „Ich schwebe den Klinikflur entlang. Zehn Pfund leichter. Ausgelassen vor Freude. Du bist ein Wunder aus Fleisch und Blut." Hier ist die Geburt geglückt. Die Mutter kann sich ungetrübt über ihr Kind freuen.

So ist es normalerweise, so muss es nicht sein. Bei keiner Geburt lässt sich verlässlich vorhersagen, wie sie ablaufen wird. Die Bedingungen bei einer Geburt sind sehr vielfältig. Der Körper der Schwangeren, ihre Konstitution, die seelische Verfassung, die Beziehung, die äußeren Umstände, das Vertrauen in die Hebamme oder den Arzt – so viele Faktoren spielen zusammen und machen jede Entbindung einzigartig. Eine „ideale" Geburt gibt es nicht.

Jede Geburt bewegt sich mehr oder weniger dramatisch, aber unaufhaltsam ihrem Ende zu. Das Licht am Ende des Tunnels ist sichtbar und dort wird die Hauptsache Wirklichkeit: das Baby.

Auch das Bild der „sanften Geburt" ist irreführend. Am Beginn des Lebens ist eine Frau mit ihren Kräften, ihren intensiven Gefühlen und Schmerzen bei der Geburtsarbeit. Und wenn eine Frau nur mit allerlei Hilfen und medizinischen Eingriffen ihr Kind zur Welt brachte, so ist auch das ein Anlass zu Stolz und Freude. Enttäuschung und Selbstzweifel sind nicht angebracht, vielmehr Dankbarkeit für die Möglichkeiten der modernen Geburtshilfe und der Medizin.

DIE ERSTEN WOCHEN: UMHÜLLT

Es ist da – Ihr Baby. Mit diesem Ereignis beginnt nun ein neuer Abschnitt im Leben der Eltern und in ganz besonderem Maße für die Mutter.

Nach der Geburt

Bei aller Kleinheit, Zartheit und Zerbrechlichkeit setzt das Neugeborene seine Eltern doch in Erstaunen durch seine Vollkommenheit und Kraft zum Leben. Ja, es verfügt über die wunderbare Eigenschaft, auf seine Eltern zu reagieren und ihre Reaktionsweisen aktiv mitzugestalten.

Jetzt ist das Baby Wirklichkeit

Zunächst muss die Mutter, wenn die Entbindung durchgestanden ist, eine neue Bindung eingehen. Dazu muss sie die Bereitschaft und Fähigkeit entwickeln, sich völlig in die Lage des Neugeborenen hineinzuversetzen.

Das Neugeborene ist Zentrum des Fühlens und Handelns der Mutter.

Der bedeutende englische Kinderarzt und Psychologe D. W. Winnicott beschreibt diese komplexe Aufgabe als eine „Art normaler Krankheit", in der die Mutter mit einem Teil ihrer Person in die Welt des Kindes eintaucht und durch ihre Präsenz in der Lage ist, das Richtige zu tun. Diese Fähigkeit setzt einen Zustand erhöhter Sensibilität und eine gewisse „Entrücktheit" von der Welt voraus. Die Mutter trägt das Baby nach der Geburt zwar nicht mehr im Leib, aber es bleibt noch einige Zeit das Zentrum ihres Fühlens und Handelns.

Zum einen ist dies die perfekte Einheit zweier getrennter Wesen, zum anderen muss die Mutter mit der Erfahrung fertig werden, nicht mehr mit dem Fötus zu einer Einheit verschmolzen zu sein: Zwar hat das Baby Spuren hinterlassen, aber ihr Leib ist leer. Alle Fantasien und Vorstellungen, die bis jetzt lebendig waren, müssen der Realität weichen.

Es ist durchaus normal, wenn eine Frau in dieser Umstellungsphase Gefühle der Fremdheit, ja der Unheimlichkeit mit dem Neugeborenen erlebt, das da aus ihr herausgeschlüpft ist. Dies kann einhergehen mit der Trauer um das fantasierte Kind und für viele Mütter bedeutet es eine ge-

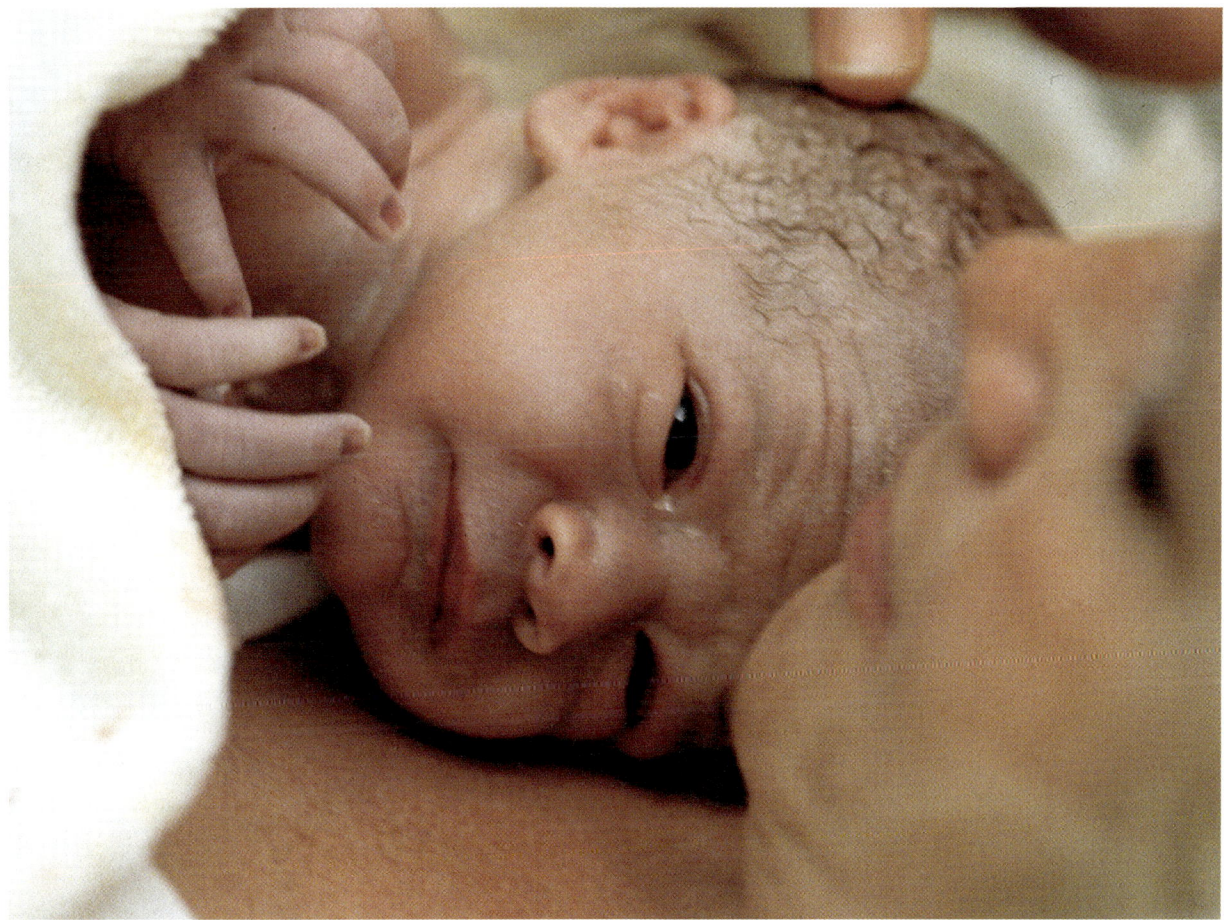

Mutter und Kind wenige Augenblicke nach der Geburt – Beginn einer neuen Bindung.

waltige psychologische Umstellung all ihrer Gefühle, sich auf diese neue unentrinnbare Wirklichkeit umzustellen. Manchmal spielen hier auch Ängste eine Rolle oder die Sorge, dem hilflosen Baby Schaden zuzufügen. Doch die meisten Mütter sind in der Lage, diese Verwandlung durchzumachen, und entwickeln enorme Fähigkeiten, die Anforderungen, die die Abhängigkeit des Babys mit sich bringt, zu tolerieren, ja zu genießen. (Es soll hier gleich zu Beginn gesagt werden: Selbstverständlich können nach der Geburt andere mütterliche Pflegepersonen ersatzweise die Rolle der Mutter übernehmen, mit derselben Verantwortung und Liebe und allen dazugehörigen Pflichten und Genüssen. Es muss nicht immer und in jedem Fall die leibliche Mutter sein. Dennoch spreche ich der Einfachheit halber meist von „der Mutter".)

Das neue Leben wird viel Abwechslung, Glück, Aufregung und Spaß, Stress und Freude bringen. Es wird darum gehen, sich mit einschneidenden Veränderungen und Belastungen auseinander zu setzen. Die Geburt eines Kindes ist zweifellos ein freudiges Ereignis, aber es kann auch Schattenseiten geben. Das hat oft gar nicht so viel mit dem Kind selbst zu tun. Aber seine Ankunft hat Auswirkungen auf viele andere Lebensbereiche, besonders auf die Beziehung des Elternpaares.

Von nun an müssen sich die Eltern mit einschneidenden Veränderungen auseinander setzen.

Es kann sehr wichtig für die Beziehung werden, die neuen Anforderungen als Anstöße zum Umdenken aufzugreifen und nicht an Gewohnheiten festzuhalten, die aus der Zeit der Zweierbeziehung stammen. Oft geht von den veränderten Bedingungen sowieso ein Zwang aus, sich anders zu verhalten, z. B. sein Liebesleben neu und einfühlsamer zu gestalten. Zwar sind Mann und Frau ein Paar, aber Vater und Mutter werden sie erst richtig durch Erfahrung. Und diese Erfahrungen können zu einer unschätzbaren Bereicherung ihres Lebens werden.

Auch nach neun Monaten Wartezeit, in der sie schon eine Art Beziehung zu dem Kind entwickelt haben, müssen Mütter und Väter sich auf die Art ihres Babys einstellen und ein Gefühl für seine Persönlichkeit bekommen. Fantasie und Realität müssen zur Deckung kommen.

Trennungsschmerz

Nicht bei jeder Mutter mischt sich die Erleichterung nach der Geburt sofort mit der überwältigenden Liebe. Statt unfassbarem Glück steigen vielleicht ganz andere Gefühle auf: Unsicherheit, Kummer, eine bestimmte Art von Enttäuschung, Selbstzweifel. Manchmal kann eine notwendige Trennung nach der Geburt zu Startschwierigkeiten führen. Sicher ist es realistischer, statt auf das große Glück zu warten, sich auf einen emotionalen Prozess zu verlassen. Wenn die Mutter nach der Geburt noch mit medizinischen Eingriffen fertig werden muss, braucht sie unter Umständen mehr Zeit, um „ihr Baby" auch innerlich anzunehmen.

Nach Ereignissen, in denen der Körper derart in Anspruch genommen wurde, kann es schon sein, dass alle Potenziale, auch das Herz ganz leer gesaugt sind. Daher die Enttäuschung, wenn sich nicht gleich die großen Gefühle einstellen. Manchmal wirkt auch der nüchterne Klinikablauf jeder emotionalen Sensibilität entgegen. So manche Frau fühlt sich gar nicht wie eine neugeborene Mutter, sondern selbst wie ein Baby.

Im Übrigen reagieren Mütter sehr unterschiedlich auf ihre Babys. Da gibt es kein „Mutterschema", sondern eben sehr verschiedene Formen, seinen Gefühlen Ausdruck zu verleihen. Aber welche Mutter ist nicht für immer „verloren", wenn sie zum ersten Mal in die Augen ihres neugeborenen Babys schaut und von ihm angeschaut wird!

Wenn Mutter und Baby einander zum ersten Mal in die Augen schauen, ist das ein unvergesslicher Moment.

Kennenlernen: Der Beginn einer lebenslangen Bindung

Die Stunden nach der Geburt sind eine unerlässliche Zeit für Mutter und Vater, zur Ruhe zu kommen und sich mit ihrem Baby bekannt zu machen, und das möglichst ungestört.

Das Neugeborene ist nach der Geburt hellwach. Seine Augen sind weit offen. Die Eltern wollen ihr Kind betrachten, es streicheln und betasten oder es an sich drücken, Wärme geben, Wärme spüren. Die Mimik des Kleinen ist ausdrucksvoll, manchmal rührend komisch. Jede seiner Regungen wird wahrgenommen. Das Neugeborene signalisiert seinen Eltern ein vehementes Bedürfnis nach Nähe und Ansprache.

Zweifelsohne, die ersten Stunden sind von besonderer Bedeutung. Aber wenn ein erstes Beschnuppern und Kennenlernen nicht gleich möglich ist – es kann auch später stattfinden, ohne dass die Aussichten auf eine gelungene Bindung damit geschmälert wäre. Nicht immer hat das Leben einen Bilderbuchstart zu verschenken. Aber es hält viele Chancen bereit.

Am schönsten ist es natürlich, wenn das Baby seine Mutter nach der Geburt mit seiner Aufmerksamkeit belohnt. Ein rundum gesundes Baby vermittelt sofort ein Gefühl der Sicherheit und Erleichterung. Es ist in der Lage, durch seine erstaunliche Vollkommenheit und Reaktionsfähigkeit seinen Eltern zu vermitteln, dass sie alles richtig machen und dass sie es gemeinsam mit ihm schon schaffen werden. Wie es Mutter und Vater bald nach der Geburt anschauen kann, sie wahrnimmt, auf ihre Stimmen lauscht, ihre Gesichter entdeckt, ist der Lohn für eine lange Wartezeit und die Anstrengung der Geburt: der Beginn einer lebenslangen Bindung.

Nach der Geburt wollen Eltern vor allem eins wissen: Ist das Baby gesund?

31

Die Koordination der Bewegungsabläufe, wie das Baby mit den Veränderungen seiner Verhaltenszustände zurechtkommt, kann ganz unterschiedlich sein. Diese Unterschiede beeinflussen sowohl die Art, wie das Baby sich in der Interaktion mit den Eltern verhält, als auch die Reaktionen der Eltern. Immer stellt diese frühe Wechselbeziehung eine Herausforderung für die Eltern dar. Je aufmerksamer und liebevoller sie die charakteristischen Reaktionen und Stärken ihres Babys kennen lernen und annehmen, desto intensiver und befriedigender wird natürlich auch die Beziehung werden.

Ideal ist es, wenn die „Chemie" zwischen der Zuwendungsfähigkeit der Eltern und den individuellen Bedürfnissen ihres Kindes stimmt. Glücklicherweise haben die meisten Babys eine große Fähigkeit, sich die von der Mutter angebotenen Reize zunutze zu machen.

Aber nicht jedes Baby ist für seine Eltern so beschaffen, dass sie gut mit ihm zurechtkommen. Es gibt schwierige Babys und es gibt schwierige Persönlichkeitsstrukturen bei Müttern und Vätern.

Wenn das Baby nach der Geburt in einer schlechten Verfassung ist, hilft es den Eltern meist weiter, wenn sie das nicht als ihre „Schuld" ansehen müssen. Eine Übereinstimmung der jeweiligen Reize und Reaktionen herzustellen ist eine anstrengende „Anpassungsarbeit". Die beste Richtschnur dafür bietet das Verhalten des Babys.

Das Neugeborene verfügt über die wunderbare Kraft, aktiv die mütterliche Zuwendung zu wecken.

Wenn das Reaktionsvermögen des Neugeborenen in Ordnung ist, kann es mit seinen Verhaltenszuständen auf seine Mutter reagieren. Immer wenn sie mit ihrem Verhalten eine Reaktion bei ihm auslöst, z.B. Beruhigung oder Aufmerksamkeit, ist sie darin bestärkt, es richtig gemacht zu haben und gibt dieses Gefühl an den Säugling weiter. Beide fühlen sich wohl.

Jede Mutter ist darauf angewiesen, dass ihr Baby sie durch seine Reaktionen bestätigt, und es ist erstaunlich, wie gut Neugeborene das schon können. Sie verfügen über die wunderbare Kraft, die mütterliche Zuwendung zu wecken und aktiv ihre Reaktionsweisen mitzugestalten. Ein Baby strahlt so unendlich viel Vertrauen aus, dass es nahezu unmöglich ist, davon nicht angerührt zu sein und diese Ausstrahlung durch liebevolle Zuwendung zu erwidern.

Mit wachen Sinnen: Das Neugeborene und seine Reaktionsfähigkeit

Was geschieht genau nach der Geburt und mit welchen Fähigkeiten wird das Baby geboren? Vereinfacht kann man sagen: Das Erscheinungsbild des Babys löst bei fast allen Menschen den Pflegetrieb aus. Das flaumige runde Köpfchen, die sanften Proportionen des Gesichts, die zarte Haut, die Ärmchen und Beinchen, die sich entgegenstrecken, das Wunder kleiner Hände, all das typisch Babyhafte löst den Wunsch aus, es an sich zu nehmen, zu halten und zu umsorgen.

Das Baby ist bereit zur Kommunikation

Wir wissen, dass ein Kind, das in der folgenden Zeit nicht verlässlich auf liebevolle Versorgung und Zuwendung bauen kann, wenn nicht körperlich, so doch seelisch verloren ist. Aber es ist auch gut zu wissen, dass Babys ungeheuer widerstandsfähig und flexibel sind. Ihre Eltern müssen keine perfekten Alleskönner sein, die keine Fehler machen dürfen.

Das Kind bindet sich bedingungslos an seine Eltern und schenkt ihnen unbesehen ihrer charakterlichen Stärken und Schwächen einen Vorschuss auf Liebe und Anhänglichkeit. Das erste Kommunikationsmittel zwischen der Mutter und ihrem neugeborenen Kind sind Berühren, Anfassen, Streicheln, Betasten. Meist reagieren Mütter auf unruhige Babys mit besänftigendem Aufnehmen und Festhalten.

Die Berührung verschiedener Körperregionen löst Reflexe aus, zum Beispiel die Stimulation um den Mund herum den Saug- und Suchreflex. Ein Baby, das von seiner Mutter hochgehalten wird, öffnet die Augen und sucht ihr Gesicht. Der erste Blickkontakt von Angesicht zu Angesicht gehört zu den bewegenden und wichtigsten Momenten in der Interaktion mit dem Neugeborenen. Es kommt offensichtlich mit dem „Interesse" und der Fähigkeit zur Welt, das Gesicht seiner Eltern genau zu erforschen. Es fixiert die Augen, den Mund, die Gesichtsumrisse und es hat eine auffallende Vorliebe für ein lebendiges, reaktionsbereites Erwachsenengesicht. Schon drei Wochen später wird es das Gesicht seiner Mutter wieder erkennen und von dem anderer Erwachsener unterscheiden können.

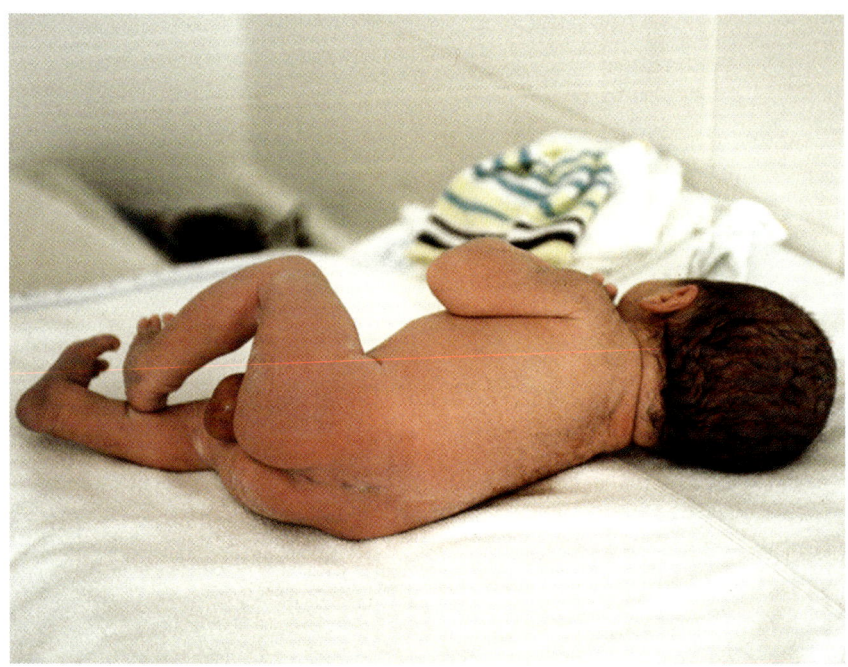

Das Neugeborene ist zwar ein winziges Wesen, doch es verfügt über erstaunlich differenzierte Sinneswahrnehmungen.

Und da ist die Stimme der Mutter, die das Neugeborene fesselt, es scheint sie wieder zu erkennen und hat überhaupt eine deutliche Vorliebe für weibliche Stimmen. Säuglingsbeobachtungen zeigen, dass Neugeborene unmittelbar nach der Geburt ihre Bewegungen dem Rhythmus der Stimme der Mutter angleichen.

Sehen und Hören sind neben der Fähigkeit zu saugen wichtige Startbedingungen in der sozialen Interaktion. In der neueren Forschung hat sich der Begriff vom „kompetenten Säugling" eingebürgert, der damit eine veränderte Sicht auf das erste Lebensjahr ausdrückt.

Der Säugling erscheint hier als aktiv, differenziert und beziehungsfähig. Er verfügt über Fähigkeiten, die Welt und sich selbst nicht nur als ungeordnete Vielfalt zu empfinden. Er ist zu erstaunlich differenzierten Sinneswahrnehmungen in der Lage und beginnt bald, sie miteinander zu verbinden. Das Baby ist mit dem Bedürfnis geboren, seine Umwelt wahrzunehmen und zu erforschen. Reize wecken sein Interesse, sie werden aktiv gesucht, wahrgenommen und verarbeitet. Man hat in Untersuchungen (z.B. durch den amerikanischen Professor für Kinderheilkunde

T. B. Brazelton) festgestellt, dass Eltern, die auf das Verhaltensrepertoire und die zahlreichen Fähigkeiten ihres neugeborenen Kindes eingestellt waren und sie miterleben konnten, später erheblich sensibler auf die Signale des Kindes reagieren konnten und im gesamten ersten Lebensjahr mehr Einfühlungsvermögen zeigten.

Das Baby ist mit dem Bedürfnis und der Fähigkeit geboren, seine Umwelt wahrzunehmen und zu erforschen.

Die Reflexe

Schon die Überprüfung und die Darstellung der Reflexe zeigen, welche Entwicklungsmöglichkeiten in dem winzigen und doch so vollkommenen Wesen stecken. Reflexbewegungen sind im Gehirn vorprogrammiert. Vermutlich spielen reflexartige Verhaltensweisen, etwa Dreh- und Krümmbewegungen, eine aktive Rolle beim Hinausarbeiten aus dem Geburtskanal.

Bewegt man den Kopf des Babys nach unten, breitet es, veranlasst durch die so genannte Mororeaktion, seine Arme aus, um sie sogleich wieder an den Körper zu führen bzw. sich am Körper der Mutter anzuklammern.

Wenn man die Fußsohlen des Babys fest auf eine Unterlage aufsetzt, beginnt es in einer Art langsamem Trott zu schreiten. Die Schreitreaktion stellt eine Vorbereitung auf das zukünftige Steh- und Gehverhalten dar.

Legt man das Neugeborene auf den Bauch, so versucht es automatisch den Kopf zu heben und zur Seite zu drehen. Es schiebt die Hände neben den Kopf und versucht sie zum Mund zu führen. Beides hilft ihm im Fall des Falles, die Atemwege freizubekommen. Mit lebhaften Kriechbewegungen zieht es die Beinchen an und streckt sie wieder aus.

Wird es auf den Rücken gelegt, rudert es mehr oder weniger fließend mit Armen und Beinen. Auch in dieser Lage verfügt es über einen wichtigen Schutzreflex. Würde ein Tuch oder Kissen auf sein Gesicht geraten, fängt es an zu zappeln, beugt den Kopf nach hinten und dreht ihn hin und her, um es abzuschütteln. Es fährt abwechselnd mit den Fäustchen ins Gesicht, um die Atemwege freizuhalten. Die Gefahr, dass ein Baby erstickt, ist unter normalen Bedingungen ziemlich gering, denn es wird sich eher befreien als schweres Bettzeug über sich zu ziehen oder wehrlos in Kissen zu „versinken". Bei dem Phänomen des „plötzlichen Kindtodes" zählt

Die Gefahr, dass ein gesundes Baby unter normalen Bedingungen erstickt, ist gering.

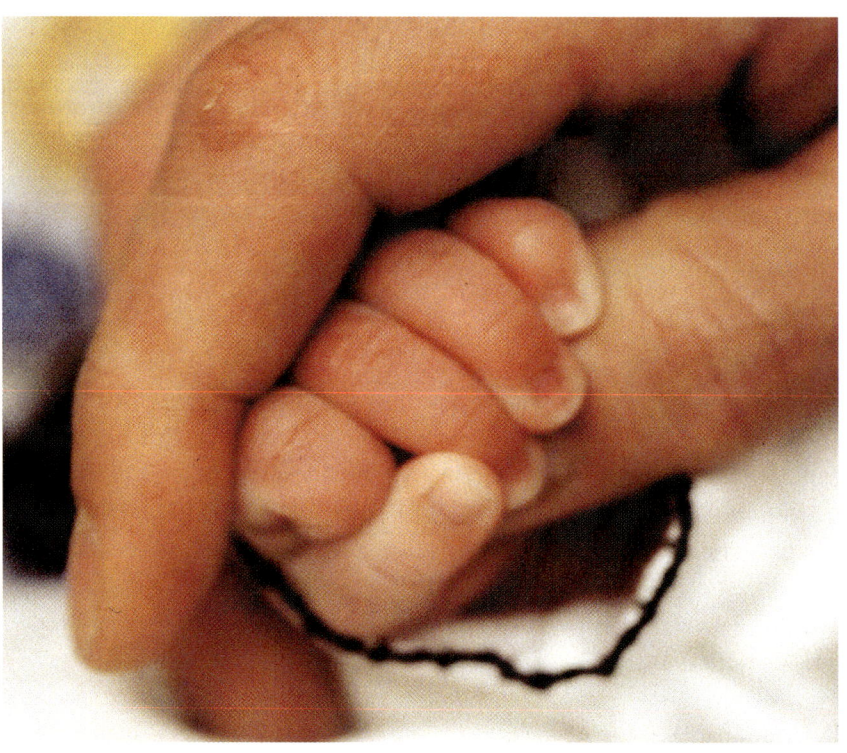

Neugeborene greifen sofort nach dem ausgestreckten Finger und können ihn erstaunlich gut festhalten.

das Ersticken nicht zu den wahrscheinlichen Ursachen. Man kann davon ausgehen, dass ein gesundes Kind sich zur Wehr setzt, wenn sein Gesicht zugedeckt und die Atemwege blockiert sind. Es meldet sich außerdem und hat dann hoffentlich jemanden in der Nähe, der es hört.

Wenn man das Neugeborene nach dem Zeigefinger greifen lässt, hält es sich daran fest und lässt sich vorsichtig in die Sitzposition hochziehen. Zwar hängt der Kopf im Nacken, aber es gibt sich sichtlich Mühe, ihn aufzurichten. Im Sitzen schaut das Baby mit Kulleraugen um sich und die entzückten Eltern bekommen eine Ahnung davon, wie köstlich es sein wird, sich mit ihm zu beschäftigen.

Möglicherweise lassen sich bei der ersten Überprüfung durch den Arzt nicht gleich alle Reflexe auslösen. In der ersten Zeit nach der Geburt kann es vorkommen, dass ein Baby erschöpft ist und sich erst erholen muss. Bleiben sie allerdings schwerfällig und die üblichen Reaktionen kommen nur schwach oder verzögert, so ist es besser, den Arzt zu konsultieren. Eine unterstützende Maßnahme sollte möglichst früh einsetzen, so kann das Baby seine Fähigkeiten so weit wie möglich entfalten.

Der Saug- und Würgreflex gehen am Anfang zusammen. Das Baby reagiert mit Würgen und Spucken, bevor es mit dem Saugen beginnen kann. Es muss seine Atemwege befreien und vielleicht ist es eine Erleichterung, wenn der Schleim nach der Geburt vorsichtig abgesaugt wird. Der Niesreflex befördert von selbst noch Tage danach Reste heraus.

Es kann ein paar Tage dauern, bis der Saugreflex richtig in Gang gebracht wird, sodass die ersten Trinkversuche an der Brust oder mit dem Fläschchen eine Übungszeit für Mutter und Kind sind. Das Baby lernt, kräftig zu saugen, seine Mutter lernt, wie sie es am besten hält und zum Trinken ermuntert. Diese Zweiersituation ist störanfällig und irgendein Druck ist gänzlich unangebracht. Da das Baby mit Sicherheit nicht gleich verhungert, kann man sich ganz entspannt und in Ruhe dieser Übungsphase hingeben. Die Such- und Saugbewegungen gehören zu den zuverlässigsten Aktivitäten des Neugeborenen.

Bietet die Mutter ihm die Brust oder den Sauger an, indem sie seine Wange berührt, beginnt der Säugling das „besaugbare Objekt" zu suchen, um es mit seinem Mund zu umfassen. Seine Atmung, das Saugen und Schlucken kann er zuverlässig koordinieren. Zwischen den Saug- und Trinkphasen legt das Baby Pausen ein. Es entwickelt mit seiner Mutter zusammen einen Trink- und Ruherhythmus, der viel mehr ist als nur ein Sättigungsvorgang. Es entspinnt sich eine Beziehung, in der die Mutter nicht nur den Bauch des Babys „voll pumpt", sondern sich ein Dialog voller Informationen und Reaktionen bildet. Bald beginnen Mutter und Kind sich vorrangig auf die hin- und hergehenden Signale zu konzentrieren: Das Anschauen und Ansprechen, das Aufmuntern und Weitermachen, das Pausieren und entspannte Warten, Füttern und Gefüttertwerden sind eins. Zwiegespräch und Nahrungsaufnahme gehören zusammen.

Sinne, Reaktionen und Fähigkeiten

Womöglich genauso wichtig wie der erste Körperkontakt, verbunden mit dem Halten und Saugen, sind Hör- und die Sehfähigkeit des Babys.

Manchmal ist ein Neugeborenes zu erschöpft, und es gelingt nicht gleich, alle Reflexe auszulösen.

Wenn es nicht allzu sehr durch die Entbindung belastet wurde, ist das visuelle Verhalten ein wichtiger Hinweis auf seine Gesundheit.

Neugeborene folgen einem sich bewegenden Objekt in ihrem Gesichtsfeld mit den Augen. Am besten sehen sie in einer Distanz von 20 cm. Intuitiv halten Eltern diese Entfernung ein, wenn sie Blickkontakt mit ihrem Baby aufnehmen.

Das visuelle Erkennen der Eltern ist ein wichtiges Bindungssignal.

Nach neueren Forschungen exploriert das Baby in den ersten Lebensmonaten einen visuellen Reiz in einer charakteristischen Reihenfolge – es entwickelt ein Abtastmuster vor allem zunächst für das menschliche Gesicht. In den ersten vier Wochen werden die kontrastreichen Übergänge zwischen Haaransatz und Stirn und der Übergang zwischen Kopfumriss und Hintergrund erforscht. Stück für Stück verlagert sich die Aufmerksamkeit dann auf das Gesichtsinnere, also Augen, Nase und Mund. Bald kann der Säugling die einzelnen Teile eines Gesichts als Gestalt erfassen und das Gesicht seiner Mutter wieder erkennen. Das visuelle Unterscheiden und Erkennen der Eltern wird ein wichtiges Signal für die Bindung aneinander.

Die Reaktion auf ein menschliches Gesicht ist von Beginn an anders als auf andere Reize. Das Baby ist von einem Gesicht stärker gefesselt als von einem Gegenstand. Es fixiert einen Gegenstand eher mit einem unbewegten Gesichtsausdruck. Wenn es dagegen ein menschliches Gesicht vor sich hat, spielt sich in seinem eigenen Gesicht auch etwas ab: Es kräuselt vielleicht die Lippen, seine obere Gesichtshälfte gerät in Bewegung. Tatsächlich imitieren manche Babys mit ihrer Mimik den Ausdruck des Gesichts, das ihre Aufmerksamkeit fesselt. Sie können Mundstellungen nachahmen, z.B. den Mund öffnen und die Zunge herausstrecken. Vielleicht ist dieses Imitieren ein Anzeichen dafür, wie sehr wichtige Bezugspersonen das Baby beeinflussen können.

Von Geburt an sucht das Baby aktiv nach Reizen und kann sie unterscheiden.

Interessant in diesem Zusammenhang ist auch, dass bereits von Geburt an aktiv nach Reizen gesucht wird und verschiedene Reize auch voneinander unterschieden werden. Während des Fütterns kann der „Hunger nach Reizen" gelegentlich das Trinken unterbrechen und das Baby schaut erst einmal, was sich da Interessantes bewegt. Nach so einem kleinen Ausflug mit den Augen kehrt es meist zufrieden zu seiner Mahlzeit zurück.

38

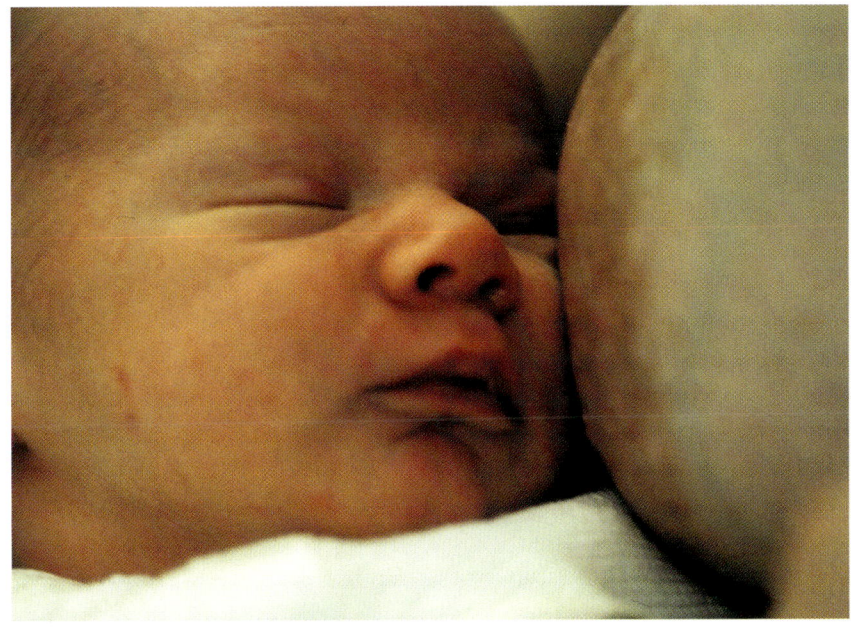

Zufriedenes und ent-spanntes Baby an der Mutterbrust

Unruhige Babys kommen ins Gleichgewicht, wenn sie sich mit dem Betrachten von vertrauten Gegenständen (z. B. Mobiles) beschäftigen.

Das Neugeborene reagiert auf die menschliche Stimme, es betrachtet ein Gesicht, „aus" dem gesprochen wird, noch neugieriger. Es kann eine ganze Weile mit seinen Blickbewegungen und seiner Mimik dem Rhythmus der Stimme folgen. Die weibliche Stimme wirkt auf das Baby beruhigend, die mütterliche Stimme wird allen anderen Stimmen vorgezogen.

Das Neugeborene erkennt seine Mutter

Man fand auch bestätigt, was Mütter und Geburtshelfer immer behaupteten: Babys erkennen ihre Mütter am Geruch wieder und sie können in wenigen Tagen den Geruch ihrer Mutter von dem anderer Menschen unterscheiden. Man hat beobachtet, dass Babys, die gestillt werden, im Alter von drei Wochen sich weigerten, Flaschennahrung von der Mutter anzunehmen, da sie ihre „Nahrungsquelle Brust" riechen. Von den Vätern hingegen ließen sich dieselben Babys durchaus mit der Flasche füttern. Mit der Flaschennahrung kommt etwas Neues hinzu, was erst kennen gelernt werden muss und was nicht so unmittelbar sinnlich mit dem mütterlichen Körper verbunden ist. Wie jedoch die Interaktion zwischen Mutter und Baby verläuft, hängt davon ab, wie intensiv aufmerksam und zärtlich diese Situation ablaufen kann. Je mehr eine Mutter die Gelegenheit hat, die Reaktionsweisen ihres Babys zu beobachten und zu interpretieren, umso vertrauter werden beide miteinander.

Verhalten und die Bewusstseinszustände in den ersten Wochen

Von Beginn an befindet sich der Säugling in einer besonderen Beziehung zu seiner Mutter. Viele Studien zu dieser frühen Interaktion zwischen Mutter und Kind bestätigen ein erstaunliches Maß an Abgestimmtheit, Wechselseitigkeit und Zusammengehörigkeit. Auf positive, nicht überwältigende Reize kann das Baby lebhaft und aufmerksam reagieren. Ja, viele Interaktionen werden vom Säugling eingeleitet, ihr Verlauf „kontrolliert" und reguliert. Wechselseitiger Blickkontakt, Blickabwenden, Wiederaufnahme des Kontakts, bestimmte wechselseitige Vokalisierungen, das zeitliche Abstimmen von Verhaltensweisen, all das ist ein höchst filigranes Netz gegenseitiger Verständigung, das der Säugling mitgestaltet.

Schlüssel zum Verstehen

So ist der Säugling zum einen zunächst vollkommen aufgehoben in seiner Beziehung zur Mutter, er ist untrennbar verbunden mit ihr, ohne mütterliche Pflege könnte er nicht leben. Zum anderen jedoch ist er nicht einfach passiv und unabgegrenzt in dieser „Symbiose", sondern aktiv von Anfang an. Ausgestattet mit vielen kognitiven Fähigkeiten, bereit zur Interaktion, die in ein selbstständiges Leben hinausstreben.

Der Säugling ist zunächst untrennbar mit seiner Mutter verbunden.

Viele Reaktionen des Babys werden vor dem Hintergrund seiner Bewusstseinszustände verständlich. Sie geben wichtige Hinweise darauf, wie es seine Erfahrungen ordnet und in welchem persönlichen Stil es sich mit seiner Umgebung auseinander setzt. Tatsächlich hat jedes Baby seine ganz eigenen Fähigkeiten, die Reize, die es aus seiner Umgebung aufnimmt, zu bewältigen. Je nach Verfassung ist eine Stimulation angemessen oder auch nicht. Die Bewusstseinszustände, zwischen denen das Baby im Verlauf des Tages hin und her wechselt, sind für die Eltern ein wichtiger Schlüssel zum Verständnis seines Verhaltens. Die Definition der Verhaltenszustände bezieht sich auf den Ansprechbarkeitsgrad oder Wachheitsgrad. Der Zyklus dieser Zustände reicht von Tiefschlaf und leichtem Schlaf über halbbewusstes, später aufmerksames und sehr gut ansprechbares Verhalten bis hin zu Unruhe, Quengeln, Schreien. Der Zyklus dient dem Baby dazu mit seiner Innenwelt und Außenwelt zurechtzukommen. Es ist nicht nur ausschlaggebend für seine Fähigkeit, Informationen aufzunehmen und sich zunutze zu machen, er beeinflusst auch die Art und Weise seiner Reaktionen.

Eine erste und wichtige Aufgabe besteht für Mütter und Väter darin, die Verhaltenszustände ihres Babys kennen zu lernen und vorhersagen zu können. Daraus können sie schließen, ob es ansprechbar ist, gefüttert oder schlafen gelegt oder unterhalten werden will.

Wichtig für die Eltern ist es, die Verhaltenszustände des Babys kennen zu lernen.

Der persönliche Verhaltensstil des Babys, der sich zu einem gemeinsamen Verhaltensmuster vor allem zwischen der Mutter und ihm entwickelt, zeigt sich darin, wie es auf Reize aus der Umgebung anspricht.

Babys unterscheiden sich darin, wann und wie viel sie schlafen, wie oft und wie lange sie schreien, wie sie sich besänftigen lassen, wie sie auf Hunger, Unbehagen, Tagesrhythmen, Berührungen und auf „ihre" Menschen reagieren. In Hinblick auf dieses Verhalten entsteht eine ganz eigene „Chemie" zwischen mütterlichem und kindlichem Temperament.

Am besten ist es, in diesen störanfälligen, frühen Einstimmungssituationen ganz auf den persönlichen Verhaltensstil des eigenen Babys zu achten und nicht mit dem eines anderen zu vergleichen.

Sechs Verhaltenszustände

Ganz allgemein lassen sich sechs Verhaltenszustände beschreiben, die im Alltag mit jedem Baby die Hauptrolle spielen:

Tiefschlaf: Das Baby hat seine Augen fest geschlossen, die Atmung ist tief und gleichmäßig, es bewegt sich nicht. Manchmal kann es kurz zusammenschrecken, aber es wacht nicht auf. Diesen tiefen Schlaf braucht es anfangs alle vier Stunden. Er organisiert sein reifendes und schnell überlastetes Nervensystem. Es tut ihm gut, mehrmals am Tag tief zu schlafen. Je reifer es wird, umso mehr schiebt es dieses Bedürfnis hinaus.

Traumschlaf: In diesem leichten Schlaf sind die Augen zwar geschlossen, zeigen aber leichte kreisende Bewegungen (REM-Schlaf). Jetzt sind Babys für die Außenwelt empfänglicher. Sie bewegen Arme und Beine, zucken oder drehen sich vielleicht. Die Atmung ist unregelmäßiger. Manche Babys runzeln die Stirn, grimassieren oder lächeln und machen Saugbewegungen. Auf diese Weise schläft das Baby häufig und man geht davon aus, dass in der REM-Schlafphase wichtige Gehirnwachstumsprozesse stattfinden.

In der REM-Schlafphase finden wichtige Gehirnwachstumsprozesse statt.

Halbschlaf: Das Baby öffnet und schließt seine Augen abwechselnd, sein Blick wirkt abwesend. Arme und Beine werden sanft bewegt. Die Atmung ist regelmäßig. Spricht man das Baby in diesem Zustand an, wird es ganz aufwachen und reaktionsbereit sein.

Wacher Aufmerksamkeitszustand: Das Gesicht und der Körper sind entspannt und ruhig, die Augen schauen aufmerksam und strahlend in die Welt. Ganz kleine Babys können diesen Zustand noch nicht lange aufrechterhalten. Doch schon im Alter von zwei Wochen kann es bis zu 20 Minuten so beschäftigt sein und die Nähe seiner Eltern wahrnehmen.

Aufmerksamer, quengeliger Zustand: Jetzt wird das Baby unruhig. Es ist für äußere Reize zugänglich und ein attraktiver Reiz kann seine Aufmerksamkeit fesseln, es lässt sich durch sanftes Wiegen und Sprechen beruhigen. Wird es jedoch mit Reizen überfordert, reagiert es abwehrend, quengelig, weinerlich. Es kann jetzt die eigenen Bewegungen nicht mehr so gut koordinieren und versetzt sich in noch größere Unruhe, es kann sich selbst nicht mehr beruhigen. Spätestens jetzt sollte ein verlässlicher Tröster in der Nähe sein, damit sich das Baby nicht in einen Schreckzustand hineinsteigert. Denn dann gestaltet sich das Beruhigen schwieriger.

Schreien: Das Schreien ist für das Baby ein wichtiges Kommunikationsmittel und erfüllt vielerlei Funktionen. Zuallererst ruft es die Mutter herbei. Es gibt durchdringendes, schmerzgeplagtes Schreien, forderndes, drängendes Schreien, gelangweilt wirkendes Schreien und rhythmisches, aber nicht drängendes Schreien. Es scheint, als sei das Baby in der Lage, sich durch diese verschiedenen Arten des Schreiens mitzuteilen. In jedem Fall löst es bei seinen Eltern ein Besorgnis- und Verantwortlichkeitsgefühl aus. Sie fühlen sich gezwungen, etwas zu tun, um herauszufinden, was dem Baby fehlt. Das ist auch in jedem Fall richtig so. Eine Mutter braucht nur wenige Tage, um die charakteristische Art, wie ihr Kind schreit, zu unterscheiden. Nach und nach bekommt sie heraus, mit welchen Mitteln es sich trösten lässt. Im Laufe der ersten Wochen kann das Baby tagsüber immer wieder in unzufriedenes Geschrei ausbrechen, das offenbar der Spannungsabfuhr dient und ihm hilft, seine Verhaltenszustände zu regulieren. Wenn es dann nicht zusätzlich stimuliert, z. B. hochgenommen wird, schläft es nach einer Weile wieder ein. Meist braucht es dazu Nähe, aber keine weiteren Aktivitäten.

Doch obwohl die Eltern rasch lernen, zwischen den verschiedenen Arten des Schreiens zu unterscheiden, ist für viele diese Situation heikel und zu Missdeutungen geeignet.

Vielleicht geht es auch nicht so sehr um die Kunst des Deutens, sondern primär um die Bereitschaft, innerlich und äußerlich anwesend zu sein. Schließlich wird man ja dem Baby nicht das Schreien „abgewöhnen" wollen, sondern es unterstützen und bei ihm sein wollen.

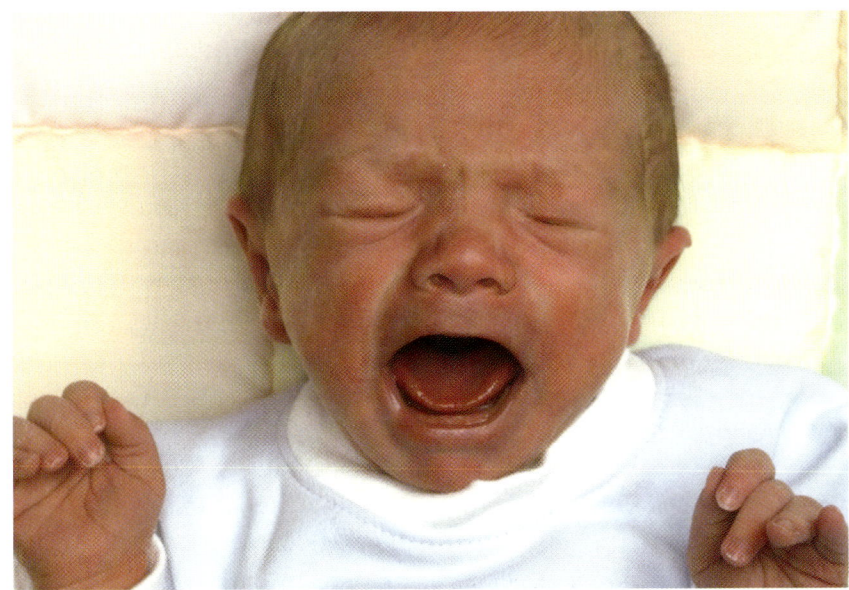

Schreien ist für ein Baby ein wichtiges Mittel zur Kommunikation.

43

Gelingt diese Unterstützung mit der notwendigen Aufmerksamkeit und Zugewandtheit, so wird das Baby bald in der Lage, sein Bewusstseinszustände so zu regulieren, dass klar gegliederte Verhaltenszyklen entstehen.

Die Schlafzyklen

Die Schlafzyklen verändern sich mit der Zeit.

Mit der Reifung des Nervensystems verändert sich die Länge der Schlafzyklen. Schlaf- und Wachphasen wechseln sich zunächst ungefähr alle vier Stunden ab. Innerhalb eines solchen Zyklus befindet sich das Baby etwa eine Dreiviertelstunde lang im Tiefschlaf, dann geht es über in einen leichteren Schlaf. Nach einer Weile schläft es erneut tief. Diese Zyklen treten tagsüber und in der Nacht auf, d.h., das Baby muss zwischen diesen beiden Phasen wechseln können.

Es muss auch lernen, nachts länger als drei, vier Stunden zu schlafen. Dazu muss es erst einmal Verhaltensmuster aufbauen, mit denen es Reize verarbeiten und sich selbst beruhigen kann. Manche Babys brauchen etwas mehr Zeit, um ihren Nachtschlaf zu verlängern. Sie können sich vielleicht weniger erfolgreich gegen äußere Reize schützen und wachen beunruhigt in den REM-Phasen auf. Ein regelmäßiger und zuverlässiger Tagesrhythmus hilft dem Baby, seinen eigenen Rhythmus zu festigen.

Mutter werden ist ein Wandlungsprozess

Die erste Aufgabe des neugeborenen Kindes besteht darin, die Fähigkeit zu entwickeln, zwischen der Aufnahme von Reizen und den eigenen Verhaltenszuständen ein Gleichgewicht herzustellen. Das Baby wird sich nur dann aufmerksam auf ein Interaktionsangebot konzentrieren, wenn es seiner Motorik und seinen jeweiligen Zuständen nicht ausgeliefert ist. Seine Steuerungsfähigkeit schafft die Voraussetzung für Aufmerksamkeit und wechselseitige Beziehung. Seinen eigenen Aufmerksamkeitszustand zu entwickeln lernt das Baby in den ersten Lebenstagen.

Intensives Einfühlen

Zunächst vermittelt die Mutter ihrem Baby Ruhe und Geborgenheit. Sie schützt es vor Reizüberflutung, weil sie sich in sein labiles Gleichgewicht einfühlen kann. Sie passt ihre eigenen Verhaltensweisen der Reiz-

*Ein stabiler Tagesablauf
ist unerlässlich, um
einen eigenen Rhythmus
aufzubauen.*

schwelle ihres Babys an. Sie lernt, sich mit seinem Verhalten abzustimmen. Mütter können es nachempfinden, wie sehr sich ihr Baby bemüht, seine Zustände zu kontrollieren und eine ruhige Aufmerksamkeit zu entwickeln. Sie haben oft das Gefühl, in der Haut ihres Babys zu stecken.

Diese intensive Identifizierung ermöglicht der Mutter, das Kind zu verstehen und sich sein kompetentes Verhalten bewusst zu machen. Sie erkennt den Säugling als ein von ihr getrenntes Individuum und akzeptiert seine Abhängigkeit und Bedürftigkeit ebenso wie seine Fähigkeiten. In dieser Wechselbeziehung muss auch sie ein Gefühl der Kontrolle entwickeln, indem sie ihr Verhalten steuert und ihre Ungeduld beherrscht.

Liebevolle Geborgenheit

In den Wochen nach der Geburt beherrscht die Körperbeziehung zwischen Mutter und Kind natürlicherweise alle anderen Ebenen von Beziehung. Es ist eine körperliche Liebe, aus der sich die Bindung der beiden aneinander entfaltet.

Die Mutter des Winzlings kann ja gar nicht anders als ihn an sich drücken, in einem Winkel ihres Körpers bergen und tragen wie das Känguru sein Junges in der Bauchtasche. Die Mobilisierung dieser Art von Liebe geschieht quasi naturhaft, wenn das Begehren nach Körpernähe nicht gestört wird. Die spontane Reaktionsbereitschaft, den kleinen Leib, der sich anschmiegt, am eigenen Körper zu halten, um ihn zu schützen, um von ihm berührt zu sein, bedarf keiner weiteren Begründung. Das Kind wird angenommen, aufgenommen, genährt, umhergetragen und in all diesen Handlungen und Gesten sind und wachsen Pflege und Liebe.

Für das Neugeborene, das die Körperverschränkung nicht nur für sein Wohlbehagen, sondern für seine Entwicklung braucht, ist es nur gut, dass seine Mutter, seine Eltern nicht nur aus „reiner Liebe" handeln. Ihre spontane Reaktionsbereitschaft, ihr Bedürfnis, das Kind aufzunehmen, zu tragen, zu pflegen, zwingt sie zu dieser Körperbeziehung, in der ihr Baby gedeiht. Es kann ganz beruhigt sein – auch wenn seine Mama sich zwischendurch gar nicht wie eine große Liebende fühlt, wird sie es nicht „fallen lassen".

Die Körperverschränkung zwischen Mutter und Kind ist wichtig für die Entwicklung.

Auch wenn Mütter nicht in der Lage sind zu stillen, sind sie doch zur gleichen intensiven Beziehung zu ihrem Kind bereit. Das Anfassen, Halten, Streicheln, Kosen, das innige Zwiegespräch, das Nähren und Pflegen, all das ist auch ohne das Stillen an der Brust möglich. Es geht ja um die Bereitschaft zur Hingabe an eine Beziehung. Liebe schenken, Liebe nehmen sind zwar ein sehr körperlicher Vorgang in der Beziehung zum Säugling, aber diese Liebe hat viele andere wichtige Kanäle jenseits der Brustdrüsen. Egal woran der Säugling saugt, er nimmt in dieser Situation das Gesicht, die Gestalt, den Geruch, die Stimme, die Gefühle seiner Mutter in sich auf, er fühlt sich gehalten und geborgen.

Natürlich umfasst das Bild des Kindes, das zufrieden an der Brust liegt, und der Mutter, die das genießen kann, mehr: Es ist ein Wiedereintauchen in die Welt vor der Geburt und vor der Trennung. Mutter und Kind werden wieder eins und lernen doch, dass sie zwei sind, die sich im Stillen etwas geben. Das Stillen ist so gesehen viel mehr als nur Ernährung, es ist das Zurücktauchen in die Spannungs- und Schwerelosigkeit, es ist das Heilmittel gegen Mangel, Not und Angst hin zu Frieden und Harmonie.

Hilfe! Mutter werden braucht Zeit und Unterstützung

Viele Kulturen gewähren Mutter und Kind in den ersten Wochen den Genuss von Fürsorge, Schonung, Hege und Pflege. Heute erwartet man, dass der Rückzug nicht allzu lange dauert und die junge Mutter bald wieder aktiv und realitätsangepasst wenigstens wieder in den Haushalts- und Familienbetrieb einsteigt.

Trotz der Exklusivität der Mutter-Kind-Beziehung sollte es Dritte und Vierte geben, die Last und Verantwortung in dieser Situation übernehmen, damit Mutter und Kind sich auch in der Geborgenheit neugierig-

Der Vater sollte, sooft es möglich ist, bei der Babypflege einspringen, um die Mutter zu entlasten.

Manchmal sollte der Mutter auch etwas Verantwortung abgenommen werden, damit auch sie sich ausruhen kann.

freundlicher Pflege ausruhen können. In der Realität einer Kleinfamilie entschwindet der Vater jedoch bald nach der Geburt zur Arbeit und Mutter und Kind sind häufig „mutterseelenallein". Gut, wenn dann Verwandte wie Großmütter, Schwiegermütter oder Freunde in der Nähe sind – was in unserem Land leider ein schwindendes Phänomen ist. Man kann nur raten, sich solche zuverlässige Unterstützung schon im Vorfeld zu sichern.

Trübe Stunden

Von der Mutter wird erwartet, dass sie sich rasch und mit ganzer Kraft den Anforderungen ihrer neuen Rolle stellt. Sie soll möglichst umgehend in der Lage sein, ihre Erholung selbst in die Hand zu nehmen, und sich ihrem Kind zuwenden, damit sich die Bindung aneinander auch gleich richtig entfalten kann.

Wie wir gesehen haben, läuft das ja meist ganz „programmgerecht". Und doch herrscht nicht immer nur eitel Sonnenschein. Das Entzücken über das Kind geht auch mit Schwierigkeiten einher. Das ist normal. Einerseits ist es ganz richtig von der Mutter, sich voll und ganz auf das Kind einzulassen und es mit ihrer Fürsorge zu umschließen. Andererseits sind die Fortsetzung der körperlichen Beanspruchung, die ganze Umpolung der Wahrnehmungsstruktur hin zum Kind eine wahrlich enorme Anforderungen.

Fast alle Frauen erleben nach überstandenem Schmerz und der anfänglichen Euphorie „trübe Stunden". Da ist sie, die vielzitierte Wochenbettdepression, die Neigung, in den Tagen nach der Geburt zu Melancholie und Weinen. Am wenigsten ist für diesen „Baby-Blues" die hormonelle Veränderung verantwortlich.

Das Aufsetzen auf den Boden der Tatsachen mit einem durcheinander gebrachten Körper und einem vollkommen abhängigen Kind im Arm, kann hart sein. Es ist schon so, dass die plötzliche Gegenwart eines neuen Menschen auch etwas Erschreckendes hat. Die Ahnung taucht auf, dass hier ein Kind ist, von dem niemand weiß, was für ein Mensch es einmal sein wird. Jeder noch so innige Gefühlsansturm bleibt nicht ohne diesen Aspekt von Irritation.

Anwandlungen, in denen Mütter sich wünschen, sie wären das Neugeborene wieder los, können Quelle von Schuldgefühlen und Sorgen sein. Befremdliche Ängste entstehen, man könnte dem Kind Schaden zufügen. Solche „Anwandlungen" sind aber letztlich nichts anderes als die legitime Gegenwehr der Psyche einer erwachsenen Frau gegen das totale Besetztwerden durch die Bedürfnisse des Säuglings.

Ein unsicherer, noch nicht eingespielter Alltag allein zu Hause mit dem Kind kann an die psychischen und seelischen Grenzen führen und zu der bangen Frage führen: Wie soll ich das in Zukunft alles schaffen? Sonderbar sind depressive Gefühle nach all den emotionalen Erschütterungen nicht. Sie sind eine ernst zu nehmende psychische Verarbeitungsform dieser als widersprüchlich erlebten Gefühlsanstürme. Die Vitalität des Babys, seine Fähigkeit, sich das, was seine Mutter ihm anbietet, zunutze zu machen, vertreibt wahrscheinlich bald alle Schatten.

Traurige Gefühle sind eine normale Verarbeitung der großen Anstrengungen und Emotionen, die von der Mutter durchlebt werden.

AUFTAKTE:
1.–3. MONAT

Das Entzücken über die körperliche Rundheit und Vollkommenheit des Babys, seine Energie und seine Anpassungsarbeit ist mindestens ebenso groß wie die Rührung über seine Zartheit und Zerbrechlichkeit. Für die Mutter ebenso wie für den Vater (der hier etwas in den Hintergrund tritt) ist es gut zu wissen, dass sie mit ihren seelischen Bewegungen wichtige emotionale Energien mobilisieren, um schließlich eine tragfähige Übereinstimmung mit dem Baby herzustellen. Die ambivalenten Empfindungen dieser Zeit werden zur Antriebskraft, nach den individuellen Eigenschaften ihres Babys zu suchen und sie auch dann ins Herz zu schließen, wenn sie den Traumvorstellungen nicht entsprechen.

Erste Dialoge

Durch Gesten, Blicke und Laute wird ein dichtes Netz von Verbindungen zwischen Mutter und Kind geschaffen.

Vom Augenblick der Geburt an lernt die Mutter nicht nur, ihr Baby so zu sehen, wie es ist, sondern jede seiner Regungen bekommt für sie eine Bedeutung – scheint ihr etwas über seinen Charakter zu sagen. Sie reagiert nicht nur auf das, was es tatsächlich tut, sondern verleiht dem kleinsten Laut, der kleinsten Geste eine Bedeutung und schafft so zwischen ihrem Baby und sich ein dichtes Netz von Verbindungen.

Auf diese Weise beginnt sie den Säugling mit der Symbolwelt der Erwachsenen vertraut zu machen, denn über die Bedeutungszuschreibung formen sich Erfahrungen und Charakterzüge.

Das Baby in den Augen der Eltern

Das Verhalten des Babys kann z. B. als „stur", „intelligent", „faul", „charmant" und Ähnliches gedeutet werden. Je nach der Bewertung färbt sich das Verhalten der Eltern und sie werden z. B. Stolz Freude, Besorgnis oder Enttäuschung entwickeln. Wie der Säugling selbst sein eigenes Verhalten wahrnimmt, wird von diesen elterlichen Zuschreibungen mitbestimmt.

Später einmal wird die Selbstdarstellung des Kindes in erheblichem Ausmaß von den Erwartungen, Idealen, Vorlieben und Abneigungen seiner Eltern geformt. Diese innere Haltung seiner Eltern vermittelt sich dem Kind von Anfang an durch Minenspiel, Bemerkungen, Affekte und

Handlungen, an denen es abliest, wie die Eltern sein Verhalten interpretiert haben.

Zunächst hat der Säugling keine „Absichten", doch er lernt, Absichten zu entwickeln und auch kundzutun. Oft wird die Absichtlichkeit des frühkindlichen Verhaltens überschätzt, zu viel hineininterpretiert. Andererseits machen das Eltern überall und zu jeder Zeit, dass sie in das Kind etwas hineindeuten, „hineinlegen" („sie wird einmal eine große Schauspielerin" ... „er ist schon jetzt der Boss" ... „sie ist so sensibel, man muss ganz behutsam mit ihr sprechen" ...). Solche Deutungen sind normale Bestandteile der Entwicklung.

Wie sollte ein Kind sich zu einer Person formen, wenn es die Bedeutung seines Verhaltens nicht in den Augen der Mutter und des Vaters ablesen könnte? Sie spiegeln sein Verhalten durch mimischen, körperlichen, sprachlichen Ausdruck. Sie ahmen seinen Gesichtsausdruck nach, übertreiben und variieren ihre Nachahmung und steigern damit das Interesse des Babys. Man kann es auch so sagen: Indem die Eltern ihre Gefühle und Gedanken, die ihrem eigenen Inneren entstammen, auf das Baby übertragen, entwickeln sie eine Bereitschaft, sich einzufühlen (Empathiegefühl), sie erkennen sich in ihrem Baby wieder. Würde das nicht geschehen, würde eine (unsichtbare) Wand zwischen ihnen entstehen. Aus diesem wechselseitigen Prozess von Identifizieren und Projizieren entsteht schließlich die ganze Bandbreite menschlicher Gefühle und sozialer Fähigkeiten.

Eltern erkennen sich in ihrem Baby wieder und entwickeln so eine Bereitschaft, sich einzufühlen.

Im Zwiegespräch

In diesen ersten Wochen des Umgangs miteinander entwickeln Säugling und Mutter eine innere Stabilität. Wenn die Wechselbeziehung zwischen beiden als aufeinander eingestellte Partner gut läuft, fühlt sich die Mutter durch die Reaktionen ihres Babys entschädigt. Eine Stimmungsaufhellung, ein gelungener Trost, Beruhigung der Motorik, alles kann bestätigen, dass sie richtig reagiert und ihre Sache gut macht. Mit solchen Bestätigungen lernen Mütter die Grenzen ihres Babys, sein Temperament und seinen Reaktionsstil sehr gut kennen. Wenn die Mutter merkt, dass die Fähigkeit, sich ihr aufmerksam zuzuwenden, von seinem individuellen Rhythmus abhängig ist, gleicht sie ihr Verhalten dem des Babys an.

Wenn diese Synchronisation gelungen ist, sind erste wichtige Schritte getan. Der Säugling lernt seine Mutter als zuverlässige Partnerin kennen und kann beginnen eigene Beiträge in diesen Dialog einzubringen. Sie selbst erlebt sich in einem solchen Abstimmungs- und Dialoggeschehen als „fähige Partnerin". Natürlich ist in diesem Dialog das Baby nicht nur viel abhängiger, es ist auch der Beeinflussung durch seine Eltern viel mehr unterworfen. Deshalb müssen Mutter und Vater so sensibel wie möglich mit dieser Kommunikation umgehen. Sie müssen die Reizschwelle des Babys respektieren und sich von seinen Vorlieben und Reaktionen führen lassen. Auf diese Weise trägt jeder zu Entwicklung und Wahrung der gegenseitigen Abstimmung bei.

In die zuverlässige Beziehung zu seiner Mutter kann das Baby eigene Beiträge einbringen.

Für die Symmetrie ist die Mutter verantwortlich. Sie muss „selbstlos" sein in der Möglichkeit, sich in das Baby hineinzuversetzen. Sie muss „selbstsüchtig" sein in ihrem Verlangen, eine Rückkopplung zu erhalten. Die mütterliche Bereitschaft, sich zurückzunehmen, zurückzustellen, ist eine Voraussetzung, um sich mit den Rhythmen und Möglichkeiten des Babys vertraut zu machen – sich zu identifizieren. Die Fähigkeit des Babys, sich auf Berührungen, „Gespräche" und Geräusche, Bewegungen, die Ansprache der Mutter einzulassen, hängt von seinem jeweiligen Verhaltenszustand ab. Am besten gelingt ihm das, wenn es selbst die Regulation seiner Verhaltenszustände zustande bringt. Solange das Baby sich aufmerksam verhält, kann es am besten die Welt um sich herum kennen lernen. Beginnt es sich abzuwenden, tritt es in eine Erholungsphase ein, in der es sich selbst kennen lernen kann.

Wenn der Säugling aufmerksam ist, beginnt er allmählich seiner Mutter Signale zu geben: Er runzelt die Stirn, verzieht das Mündchen, „erzählt", streckt die Ärmchen aus usw. Die Mutter reagiert angemessen, wenn sie erkennen kann, was das Baby „meint". Sein Verhalten zeigt ihr dann, ob sie richtig oder falsch lag. Mit jedem Misserfolg oder Erfolg lernt sie dazu, wird sicherer und entwickelt ein Repertoire an Verhaltensweisen, die „passen".

Sie erkennt auf diesem Weg des Angleichens und Anpassens an die Antworten des Kindes, ob sie eine „gute Mutter" ist. Dieses Gefühl ist ganz wichtig, um mit Freude weiterzumachen. Auch für den Vater gilt Ähnliches. Beide können sich so dem Kind tief verbunden fühlen, je mehr die

„Chemie" zwischen ihnen stimmt. Das Baby zeigt ihnen, ob sie das Richtige tun und, falls sie danebenliegen, ob sie bereit sind, aus Fehlern zu lernen.

Wenn die „Chemie" stimmt, ist das für Eltern und Baby ein großer Ansporn.

Im Rhythmus der Tage und Nächte: Stillen, Schreien, Schlafen, Pflegen

Der Tages- und Nachtrhythmus des Säuglings ist durch Schlafen und Füttern bestimmt. Alles orientiert sich zunächst an den Bedürfnissen des Säuglings, der erst langsam vor allem mit Unterstützung seiner Mutter einen stabilen Rhythmus entwickeln kann.

Füttern nach Bedarf

Die Überlegung, das Baby nach einem genauen Zeitplan zu füttern, sollte man am besten gleich fallen lassen. Mit dem Kind einen gemeinsamen Tagesrhythmus zu finden ist nicht besonders schwer, denn es meldet sich, wenn es Hunger hat. Ob mit der Flasche oder Brust genährt, wichtig ist, das Kind zu seiner eigenen Zeit zu füttern. Es ist zweifellos not-

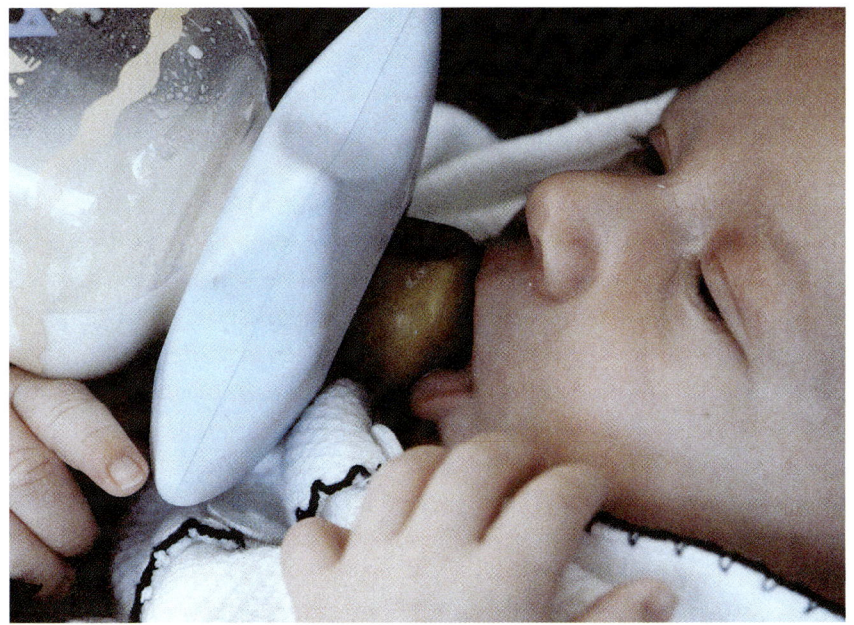

Jedes Baby hat seinen eigenen Rythmus, dem man sich anpassen muss.

wendig, einen Überblick darüber zu behalten, wann und wie viel etwa im Tagesverlauf getrunken wurde, aber ein starrer Zeit- und Mengenplan ist meist unnötig. Ein nach Bedarf gefüttertes Baby zeigt durch seine Zufriedenheit, dass es genug Milch bekommen hat. Seine Windeln sind mehrmals am Tag ordentlich nass und in ungefähr ein bis zwei Wochen hat es sein Geburtsgewicht wieder erreicht.

Die körperlichen Regungen des Säuglings, der Wechsel von Hunger und Sättigung, Schlafen und Wachen, aktive und passive Verhaltenszustände folgen einem Rhythmus, der mit der Uhr nicht zu messen ist, auch wenn sich bald regelmäßige Zeiten einstellen. Dieser Rhythmus ist nicht exakt, er ist mal fließend, mal sprunghaft, an- und absteigend, mit intensiven Phasen und ruhigen Pausen. Über einen längeren Zeitraum hinweg lassen sich Gleichförmigkeit und Kontinuität erkennen, aber auch Brüche.

Die körperlichen Regungen des Babys folgen seinem inneren Rhythmus und sind nicht mit der Uhr zu messen.

Da verstreicht ein Tag wie der andere, das Kind trinkt gut und schläft brav. Dann wieder scheint es störanfälliger und unruhiger zu werden. Der Rhythmus, in dem der Säugling Bedürfnisse fühlt und zu ihrer Befriedigung bereit ist, kann regelmäßig und unregelmäßig zugleich sein. Immer Neues kommt hinzu. Deshalb muss er variabel sein und offen für Veränderungen. Aber auf lange Sicht bewegt er sich doch stetig in seinen Grundkonstanten, wie z.B. Stundenzahl des nicht unterbrochenen Schlafes oder Dauer der Aufmerksamkeit. Eine Reglementierung des Tagesablaufs mit der Uhr ist ein recht gewaltsamer Einbruch in die ungestörte Entwicklung des Kindes.

Eine Kontrolle und Gewöhnung an Regelmäßigkeit, gar „Erziehung" ist zu so einem frühen Zeitpunkt noch gar nicht möglich. Dem Säugling fehlen noch alle Voraussetzungen zur Verinnerlichung einer Bedürfnisregulation. Er hat jetzt eine Strecke vor sich, die weitgehend frei ist von Regulation, im Sinne von Erziehung. Er darf schreien, schmusen, saugen, in die Windeln machen, schlafen und wachen, wann immer es ihn dazu drängt.

Manche Eltern sucht angesichts dieser „Anarchie" die Angst vor der „Verwöhnung" heim. Sie hegen die Befürchtung, dass, wenn man sich nicht rechtzeitig verhärten würde und der prompten Erfüllung aller Bedürfnisse nachginge, bald die Wünsche ins Maßlose steigen und die Eltern knechten würden. Eine „Verwöhnung" im Babyalter gibt es nicht. Eine viel größere Gefahr besteht für das Baby in der Nichterfüllung seines Bedürfnisses nach intensiver Zuwendung. Nur ein volles Maß der Stillung seiner Bedürfnisse bewahrt es vor der befürchteten Unersättlichkeit.

Stillen: Ein Geben und Nehmen

Ganz ohne Zweifel ist das Stillen die Form der Zuwendung und Ernährung, für die das Baby am besten vorbereitet ist und die es am intensivsten noch über einen längeren Zeitraum am schützenden Körper der Mutter hält.

Dem erst langsamen Eintreten des Säuglings in die Realität des Alltags entspricht das Heraustreten der Mutter aus dem Alltagstrubel, wenn sie ihr Kind stillt. Das intensive Zuwenden, also Abwenden von Zwängen, ist der notwendige Rahmen für eine befriedigende Stillsituation. Für Leboyer („Die sanfte Geburt") ist das Stillen eine „faire l'amour", ein Liebesakt. Ein Geben und Nehmen zwischen Mutter und Kind, ein sinnlicher Vorgang, in dem nicht nur Nahrung ausgetauscht wird, sondern Zärtlichkeit, Wärme, Rhythmus – die Vergewisserung vom leiblichen Einsseinkönnen.

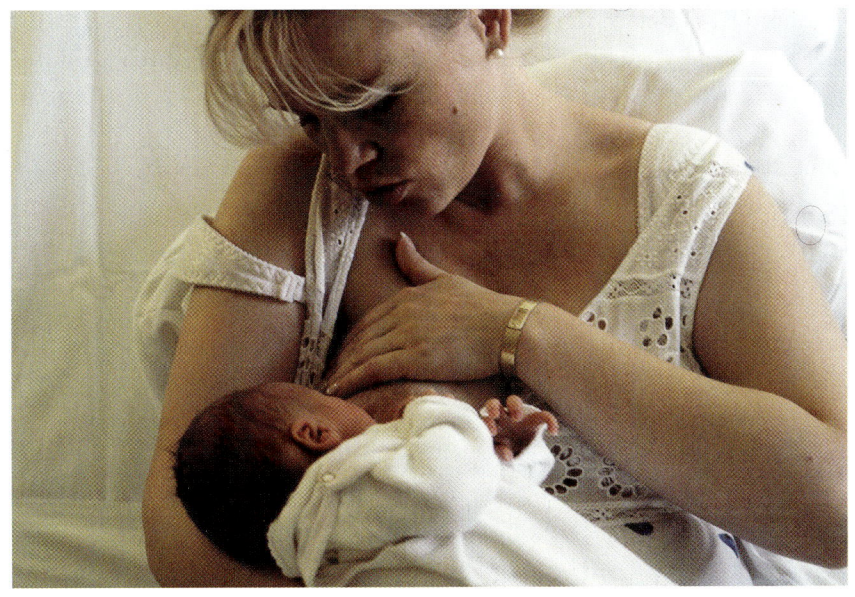

Stillen bedeutet nicht nur Nahrungsaufnahme, es ist eine Zeit besonders intensiver Beziehung zwischen Mutter und Kind.

Gegenüber den Vorteilen des Stillens erscheint die Flaschennahrung doch eher als ein Notbehelf, aber ein akzeptabler, der auch viele Möglichkeiten des beschriebenen Austausches enthält und bestimmt keinen Schaden anrichtet.

Für die Muttermilch spricht zuallererst die Qualität der Versorgung des Neugeborenen, denn ihr Nährwert und ihre Verträglichkeit sichern ein optimales Gedeihen. Der Säugling kann an der Brust niemals überfüttert werden. Das Neugeborene, das gleich nach der Geburt angelegt wird, kann die intensivste Form von extrauteriner Geborgenheit genießen.

Das allmähliche Mitwachsen der Muttermilch mit der Fähigkeit des Säuglings, seine Nahrung zu verarbeiten, ist unnachahmlich. Auch die Immunstoffe und andere „Biostoffe", die den Säugling schützen und heilen, sind von unschätzbarem Vorteil. – Allerdings auch nicht vollkommen unersetzlich. Auch „Flaschenkinder" können rundum gesund und zufrieden sein.

Von Ernährungsstörungen bleiben Brustkinder vermutlich während der ersten Lebensmonate eher verschont. Die Gründe dafür können in der gesamten Fütterungssituation liegen. Stillen erfordert per se eine gewisse Einfühlung und Übereinstimmung, sonst klappt es nicht.

Mutter und Kind sind auf das Stillen von Natur aus gut vorbereitet.

Die Sorge vieler Mütter, nicht zu wissen und zu sehen, wie viel ihr Kind trinkt, ist verständlich, aber unnötig, solange man dem Kind und dem eigenen Körper vertraut und das geheime Kontrollbedürfnis aufgibt. Die Milchmenge jedenfalls richtet sich nach der Nachfrage. Die Brust „versteht" Anlegen als Nachfrage und produziert entsprechend. Eine vermehrte Nachfrage bei Entwicklungsschüben des Babys wird registriert, es kann aber einige Tage dauern, bis der Nachschub wieder im Lot ist.

In den ersten Wochen ist es durchaus möglich, dass das Baby sehr oft und sehr unregelmäßig die Brust verlangt. Jetzt ist ein regelmäßiges Leben mit möglichst wenig Störung und Druck von außen sehr hilfreich, um zu einem erkennbaren Tagesrhythmus zu kommen.

Da das Stillen nicht nur eine „Mahlzeit" ist, um das Baby zu füttern, kann der häufig erfolgte Rat „nicht mehr als 20 Minuten" getrost vergessen werden. Selbstverständlich gibt es keine Obergrenze für die Dauer des Stillens in dem Sinn, dass langes Stillen auf irgendeine Weise schädlich für Mutter oder Kind sein könnte – über dessen Verlauf und Dauer entscheiden beide allein. Auch wenn längeres Nuckeln nicht mehr der Ernährung, sondern dem reinen Vergnügen dient, ist das kein Grund, dem Kind sofort die Brust zu entziehen. Das Nuckeln gehört dazu, nährt die Seele. Kein Stillakt muss gleich lang sein. Mal ist er sehr ausgiebig, mal geht es aus äußeren oder inneren Gründen rasch und pragmatisch zu.

Das Stillen überlässt dem Kind die Initiative und trägt so zu seiner Entwicklung bei.

Es ist nicht zu befürchten, dass das Kind die Brust gar nicht mehr loslässt – ein befriedigtes Kind ist rundum satt und löst sich mit einer deutlichen Geste entspannt von selbst.

Schreien ist die Sprache des Säuglings

Leider ist es im Alltag oft viel schwerer, ein harmonisches Gleichgewicht herzustellen. Babys kommen mit sehr unterschiedlichen Temperamenten und Anlagen zur Welt, sie können ruhig, selbstgenügsam, lebhaft und kaum zu halten oder mit wenig Tendenzen zur Integration sein.

Die Kontinuität an Zuwendung und Identifikation kann arg auf die Probe gestellt werden, wenn Mutter, Vater und Kind von sehr unterschiedlichem Temperament sind und Erwartungen aneinander vorbeigehen. Manchmal ist es ein langer Kampf, bis alle Einflüsse und Ansprüche zu einem Gleichgewicht gelangen. Es ist keine leichte Aufgabe, die „Sprache" des Säuglings zu verstehen. Sein Schreien kann zur Nervenzerreißprobe werden.

Der Zyklus der Bewusstseinszustände, die das Baby alle drei bis vier Stunden durchläuft, ist der Schlüssel zum Verständnis seiner Verhaltensweisen. Je nach Temperament tritt das Kind auf seine charakteristische Art in die verschiedenen Bewusstseinszustände ein und lässt sie hinter sich. Die Übergänge sind es, bei denen es die meiste Unterstützung braucht. Der Weg vom Wachen zum Schlafen kann schwierig und verwirrend sein.

Die Zeit, in der Vater und Mutter lernen müssen, mit dem Quengeln und Schreien ihres Babys umzugehen, kann sie in ihrer Erwachsenenhaltung enorm verunsichern. Sie können dann gelassen reagieren, wenn sie sich mit dem Temperament ihres Kindes auskennen und seine Arten des Schreiens auseinander halten können. Lebhafte Kinder brauchen eine andere Unterstützung als ruhige. Sensible und überempfindliche Kinder sind schnell überlastet und wecken quälende Zweifel in ihren Eltern.

Was das Schreien jeweils bedeutet, lässt sich bei den meisten Babys bald ohne weiteres erkennen. Da sind die bekannten Gründe Hunger, Bauchweh, Müdigkeit, Unbehagen, Erschöpfung, Überforderung. Es kann sich auch allein und verlassen fühlen.

Den Eltern fällt es oft schwer, ein positives Verhältnis zum Schreien des Babys zu finden.

Schwierig ist es mit der Frage, ob das Baby auch einfach „Dampf" ablässt, wenn es manchmal quäkt und brüllt? In der Tat kann man gewisse Quengelphasen, bevorzugt am Tagesende feststellen. Man hat dann den Eindruck, das Kind versucht mit seinem Quengeln wieder ins Gleichgewicht zu kommen, weil es den ganzen Tag Reize aufnehmen und verarbeiten musste, die es aber immer ein wenig überlasten. Schließlich beschleunigt das Nervensystem den Zyklus aus Schlaf- und Trinkphasen und versucht aktiv über Quengeln und Schreiphasen Spannung loszuwerden. Meist tritt nach solchen Schreiphasen eine gewisse Entspannung ein. Diese Entspannung kann aber nur eine gute Erfahrung für das Kind bleiben, wenn es dabei von „seinen Erwachsenen" gehalten, getröstet, getragen wurde. Und zwar ohne neue Aufregung, zusätzliche Reize oder ängstliches Hantieren.

Das Hin und Her zwischen Mitleid und Genervtsein, die Unfähigkeit, herauszufinden, was dem Kind fehlt, liegen oft an der zu großen Distanz zu ihm. Es wird überrumpelt mit einem Wechsel von Weglegen und Aktivitäten, obwohl es schon genug mit sich selbst zu tun hat und nach Wegen sucht, sich selbst zu trösten.

Nach der Erfahrung des Kinderarztes T. B. Brazelton, der eingehende Studien über die zyklischen Schrei- und Quengelphasen von Babys machte, erreichen diese Phasen nach sechs Wochen ihren Höhepunkt und gehen dann zurück, um nach dem 3. Monat ganz zu verschwinden.

Eltern wollen oft wissen, ob sie ihr Kind nicht verwöhnen, wenn sie auf sein Quengeln zu prompt reagieren, es herumtragen und füttern. Aber wie schon gesagt, mit „Verwöhnen" hat das nichts zu tun – es ist gar nicht möglich, einen Säugling zu verwöhnen. Auf die Bedürfnisse des Säuglings einzugehen, mit ihm zu spielen, auszuprobieren, womit er zufrieden ist, das ist der richtige Weg, auf dem Eltern und Babys einander kennen lernen.

Daumen und Schnuller

Durch sanfte Hilfestellung können Eltern das Baby anregen, sich mit dem Daumen oder Schnuller selbst zu beruhigen. Daumen oder Schnuller sind durchaus ein akzeptabler Ersatz für den unmittelbaren Körperkontakt mit der Mutter. Mit diesen Hilfsmitteln kann das Kind sich eine Weile ohne sie trösten und seinen eigenen Weg zum Gleichgewicht finden. Die vielen Bedenken, die von Eltern gegen solche Surrogate angemeldet werden, sind meist Rationalisierungen einer Sache, die ihnen peinlich ist. Das Baby hat nun mal den oralen Weg zur Verfügung, um mit Belastungen fertig zu werden. Tut es das unabhängig von den Eltern, fühlen sie sich irgendwie unzulänglich, weil das Kind sich „mit so was" behilft.

Daumen oder Schnuller sind manchmal durchaus ein akzeptabler Ersatz für den unmittelbaren Körperkontakt.

In Wahrheit ist es eine sehr gesunde Art und Weise des Kindes, mit Stress umzugehen, und keinesfalls eine peinliche Gewohnheit. Schnuller und Daumen sind entgegen manchen Behauptungen harmlose und unschädliche Tröster. Man kann unbesorgt einen Schnuller anbieten und sollte niemals den Daumen aus dem Mund ziehen. Beides hat auch nicht die behauptete Auswirkung auf die Formung des Kiefers. Die Provokation, die für manche Erwachsene das lutschende Kind darstellt, ist der Konflikt mit der kindlich-oralen Triebhaftigkeit – man muss dazwischenfunken („Schnipp-schnapp: Daumen ab"). Mit dem Dazwischenfunken wird in der Regel erreicht, dass das Kind störrisch an seiner Gewohnheit festhält, die sich sonst wahrscheinlich beizeiten gegeben hätte.

Schreikinder

Bei so genannten „Schreikindern" ist es zunächst einmal ganz wichtig, das Schreien nicht als Ablehnung zu empfinden oder gar als „Angriff" auf die gut gemeinte Versorgung („Wir tun doch alles!"). Nichts spricht hier gegen die Eltern, nichts gegen das Kind. Das Auftreten von Schreiperioden und die offenkundige feste Entschlossenheit des Babys, sich durch

Durch Schreien lösen Babys einen inneren Spannungszustand.

61

nichts davon abbringen zu lassen, zeigt den Eltern, dass ihr Baby nun von einem inneren Bedürfnis zum Schreien getrieben wird und dadurch einen Spannungszustand lösen muss.

Je mehr Zuwendung und körperliche Nähe das Baby erfährt, desto sicherer wird es sich fühlen und desto ruhiger wird es sich verhalten.

Es ist sehr wahrscheinlich, dass die Dauer und Intensität solcher untröstlichen Schreiperioden durch äußere Spannungseinflüsse erhöht werden. Eine hektische ungeordnete Umgebung, Anspannung und Müdigkeit gegen Abend, zu wenige gemeinsame und entspannte Situationen während des Tages und Ähnliches mehr können nervöse Spannungen in der Familie erzeugen, denen das Baby ausgesetzt ist. Diese Spannung wird es abreagieren und so seine innere Unruhe wieder ordnen. Ein junger Säugling braucht dabei immer Hilfe und einfühlsame Begleitung.

Ein schnell abgefertigtes und „weggelegtes" Baby wird mit Sicherheit mehr zu Bauchschmerzen und Brüllen neigen als ein am Körper gehaltenes und getragenes. Ängstlichkeit und Unsicherheit sind hier fehl am Platz, das Kind leidet ja nicht unter einer folgenreichen Krankheit. Es braucht hier und jetzt Verständnis, liebevolle Zuwendung, Körpernähe und Festigkeit in der Bindung an seine noch unreife Persönlichkeit.

Wenn erkennbar wird, dass das Schreien jetzt unvermeidlich ist, hilft es vielleicht, seinem Baby einfach beizustehen, indem man es vor weiterer Unruhe schützt und am Körper hält oder zumindest nahe bei ihm bleibt.

Sollte deutlich werden, dass es sich um eine Kolik handelt, muss man natürlich Maßnahmen ergreifen. Eine beträchtliche Anzahl von Kindern leidet von der zweiten Woche an unter solchen Koliken. Es sind oft besonders lebhafte und aktive Kinder, die auf die Umweltatmosphäre und Reize empfindlich reagieren. Ihr Bauchwehgeschrei äußert sich nach den Mahlzeiten, das Baby verspannt und krümmt sich, zappelt und stößt Arme und Beine herum, im Bauch rumort es und sein Gebaren ist untröstlich. Auch hier ist vor allem wichtig, das Entweichen von Luft und Gasen aus dem Leib durch Wärme, sanfte Bewegungen und Herumtragen, Saugen, Trinken von warmem Wasser oder ungesüßtem Fencheltee zu begünstigen. Die stillende Mutter muss alle blähenden Lebensmittel aus ihrem Speiseplan streichen. Zur Vorbeugung kann in Maßen häufiger gefüttert werden, denn durch allzu gieriges Saugen bei großem Hunger wird viel Luft geschluckt. Das Füttern sollte möglichst von keinen Außenrei-

zen begleitet sein, unerlässlich sind dann das Herumtragen und das Auf-
stoßen der Luft in aller Ruhe. Das Saugen am Schnuller ohne eine erneu-
te Belastung der Verdauungsorgane hilft den meisten Babys, sich wieder
„einzukriegen". Wichtig ist es, beim Herumtragen den empfindlichen
Wahrnehmungsapparat zu schonen und die Ansprache auf Sparflamme
zu schalten. Das Baby hat dann Nähe ohne weitere Spannung und Reize.

Das Füttern sollte von möglichst wenigen Außenreizen begleitet sein.

Wenn wir die Natur zu diesem Thema befragen, können wir sehen, wie
das Neugeborene instinktiv versucht sich an den Körper anzuklammern,
es will die unmittelbare Nähe zum mütterlichen Körper (wieder) herstellen. Wenn das nicht gelingt, schreit es. Sein Schreien ist also zunächst
einmal existenziell, denn es ist in Lebensgefahr, wenn es „fallen gelassen", allein gelassen wird. Etwas anderes „weiß" es nicht, all seine Reflexe und Fähigkeiten sind auf die Herstellung menschlicher Nähe und
Kommunikation ausgerichtet. Es braucht eine Mutter mit der vorbehalt-
losen Bereitschaft, ihm nahe zu sein. Jede längere Abwesenheit seiner
nährenden und pflegenden Mutter ist für das Baby eine Verarmung und
Verunheimlichung seiner Welt, deren Verarbeitung ihm große Mühe
macht. Schreikinder mit wiederholten und starken Angsterlebnissen können später an den Auswirkungen zu leiden haben.

Das heißt nicht, dass man sofort die Schlussfolgerung ziehen muss, wenn
ich etwas „falsch mache, muss ich unweigerlich mit schleichenden Spät-
folgen rechnen". Es geht um die Tendenz, die in der Beziehung den roten
Faden legt. Das Kind reagiert vor allem auf eine Grundeinstellung, und
wenn die Mutter tut, was sie kann, mit der Ruhe und unerschütterlichen
Haltung einer verantwortlich Liebenden, wird es auch einmal ihre Erschöpfung und einen punktuellen Rückzug verkraften.

Das Klagen eines Menschenkindes

Vielleicht ist es auch das „Ringen um den richtigen Abstand", das dem
Kind hin und wieder einen unauflösbaren Kummer beschert. Es gibt
wohl eine Art von Weinen, das gar nicht an den Erwachsenen gerichtet
ist. Es ist eine Klage, die ihnen zeigt, dass dieses kleine Wesen nicht ausschließlich „ihr" Baby ist, sondern ein Menschenkind, das sich selbst
gehört. Für Eltern, die gerne alles verstehen wollen, kann das kränkend
sein.

Die vorbehaltlose Bereitschaft zu trösten fördert die Stabilität des Säuglings.

Ahnen wir nicht auch (vielleicht erinnern wir uns dunkel) das Gefühl des Ausgeliefertseins, das ein Kind vielleicht von Zeit zu Zeit erfasst? Sein Erschrecken vor dem Unbekannten, die Angst vor dem Befremdlichen in den Gesichtern von Mutter und Vater. In ihrem sonst so freundlichen Blick kann ja auch heftige Ambivalenz aufscheinen, sie sind nicht Engel, sondern erwachsene Menschen mit einer eigenen Geschichte und mit eigenen Gefühlswelten. Ein Rest von Geheimnis bleibt auf beiden Seiten, nicht immer müssen alle Ursachen dingfest gemacht werden. Deswegen kann es auch ganz richtig sein, das brüllende Baby nicht jedes Mal einer regelrechten Untersuchung zu unterziehen. Man kann es auch einfach trösten durch Gegenwart und körperliche Nähe, die seine Klagen respektiert und begleitet, ohne es ihm unter allen Umständen entreißen zu wollen – sich in Geduld fassen und mitleiden.

Schlafen und Wachen

Die Einpassung eines Schlaf-wach-Rhythmus in den Wechsel von Tag und Nacht bereitet so manchem Baby ernste Schwierigkeiten. Es hat zwar schon eine gewissen Rhythmus und eigene Schlafzyklen, aber noch keine „Gedankenleiter" für ein Hinein- und Heraussteigen aus dem Schlaf. Es hat noch keine Einschlafmethode wie Erwachsene und braucht deshalb dessen einfühlende Unterstützung.

Diese Unterstützung kostet Eltern viel Zeit, aber das ist eher wenig angesichts der Anpassungsleistung, die das Baby schaffen muss. Der Schlafmangel, unter dem bald beide Eltern leiden, ist belastend, aber doch ausgleichbar und nicht so eine große Leistung im Vergleich zu den Mühen und Ängsten, die es den Säugling kostet, die äußere Welt zu erkennen und mit ihr zurechtzukommen.

Oft ist das Interesse der Erwachsenen viel zu sehr darauf fixiert, das Kind möglichst schnell und reibungslos in den Schlaf abzuschieben. Dort soll es dann schön lange die Nacht hindurch bleiben. Zu den wichtigsten stolzen Verkündungen wird bald gehören: Es schläft schon durch! Doch der lange Nachtschlaf ist nichts, wonach der Säugling in den ersten Wochen verlangt. Wie diese Bereitschaft zu beeinflussen ist, hängt von vielen Faktoren ab. Körper und Seele brauchen Zeit, die Rhythmen anzunehmen und einzuüben. Wie lange das dauert, kann von Kind zu Kind

In den ersten Wochen verlangt der Säugling nicht nach langem Nacht-schlaf. Das muss er erst lernen.

sehr verschieden sein. Probleme bei Einschlafen und Durchschlafen innerhalb eines Schlafzyklus zeigen seine emotionale (In-)Stabilität. Eine Instabilität kann im Kind selbst entstehen, etwa durch zu viele irritierende Reize, chaotische Tage, Schwierigkeiten im Anpassungsprozess mit der Mutter und vieles andere mehr. Schlafstörende Momente sind in der Entwicklung des Kindes unvermeidlich.

Neuere Säuglingsbeobachtungen haben gezeigt, dass die Qualität des Wachseins einen besonderen Einfluss auf den Schlaf hat. Das Wachsein des Babys tagsüber sollte Schritt für Schritt mit befriedigenden „Aktivitäten" und sozialem Leben einhergehen, dann kann es auch eindeutig müde werden. Es ist durchaus richtig, schon bald seine anfangs noch kurzen Wachperioden mit kleinen Gesprächen und spielerischem Umgang zu nutzen. Das Baby wird bald nach solchen Gelegenheiten des vergnüglichen Umgangs mit seinen Eltern gieren. Es empfiehlt sich also auch hier,

65

das Baby nicht einfach „abzulegen", sondern bei sich zu behalten. So kann es nach einem kurzen Nickerchen noch einmal wachen und aktiv werden. Wird dann die Wachzeit wirklich genossen und nicht nur als Übergangszeit zum nächsten Schlaf betrachtet, wird die Reise in den Schlaf auch leichter.

Wenn das Kind dann Anzeichen von Müdigkeit zeigt, sind vor allem am Abend die kleinen Einschlafrituale an der Reihe. So wächst das Baby in seinen Tag-Nacht-Rhythmus hinein.

Es ist also keine Frage der „Erziehung", dem Baby bei Einschlafen und Durchschlafen zu verhelfen. Seine Bereitschaft dazu wird sich umso besser entwickeln, je bereitwilliger es von Mutter und Vater dabei begleitet wird. Je entspannter die Eltern dabei sind, desto entspannter kann das Kind von äußeren Reizen abschalten und mit ihrer Verarbeitung zurechtkommen. Die beste Hilfe dabei ist den meisten Babys, in den Armen getragen zu werden. Die sind vertraut, schützend und beruhigend.

Säuglinge wachen bis zum 5., 6. Monat auf, weil sie Hunger haben. Erst mit ungefähr einem halben Jahr sind sie in der Lage, längere Schlafphasen ohne Nahrung zu überstehen. Trotzdem schlafen die meisten auch dann nicht durch.

Eltern müssen sich darauf einstellen, dass ihr Nachtschlaf für längere Zeit gestört sein wird.

Das Baby braucht noch lange die körperliche Nähe der Eltern, um mit Angst, Alleinsein und anderen Aufregungen fertig zu werden, sonst schreit es. Gehaltenwerden, Saugen an Schnuller oder Flasche oder Brust sind die Mittel, um beim Wiedereinschlafen zu helfen. Wenn das Baby zuverlässig gehört wird mit seinem Rufen, kann es aus dieser guten Erfahrung Vertrauen entwickeln und zu seinen eigenen Schlafgewohnheiten finden. An der Erfahrung eines vergeblichen Rufens kann ein Säugling nicht „klug" werden. Zum Glück sind Debatten um das nächtliche Schreienlassen weitgehend verstummt.

Nähe und Trost

Die Sorge, ein erhörtes und getröstetes Baby könnte vielleicht nie lernen durchzuschlafen, wenn es immer die Erfahrung macht, dass jemand prompt kommt, ist recht seltsam. Ein ganz junger Säugling will nicht mehr als die Befriedigung seiner Bedürfnisse im Augenblick, er bildet noch keine „schlechten Gewohnheiten" aus. Wenn er nachts schreit und deshalb aufgenommen und getröstet wird, ist er zufrieden.

Die wiederholte Erfahrung von Zutrauen und Trost – oder aber von ungestillter Gier und beängstigendem Alleinsein – färbt seine Seele so oder so. In ihr sammeln sich diese leib-seelischen Erfahrungen und Stimmungen an und beeinflussen schließlich sein Verhalten. Wiederholte Angst, Einsamkeit, Unwohlsein oder Hunger sind schlaffeindlich, wiederholte sättigende und tröstende Zuwendung ist schlaffreundlich. Ein beunruhigter allein gelassener Säugling wird vermutlich eher zu Schlafstörungen neigen.

Ein Kind entwickelt ein eigenes Bedürfnis nach Durchschlafen und dieser Lernprozess kann mal nach vorn, aber auch rückwärts gehen. Auch Erwachsene schlafen nicht immer durch, besonders wenn sie nicht sehr ausgeglichen sind. Doch mit dem Frust werden sie dann selbst fertig. Das Baby kann das noch nicht selbstständig, der Säugling schon gar nicht.

Viele Mütter nehmen aus diesem Grund ihr Baby mit ins große Bett und machen damit gute Erfahrungen. Jedenfalls gibt es keinen Grund, diese Möglichkeit von vornherein zur Tabuzone zu erklären. Es hat den großen Vorteil, dass beide nicht ganz wach werden müssen, bei Bedarf kann das Baby gestillt werden, meist entfallen auch das Wickeln und das Herumtragen. Man ist ja mit dem Baby zusammen und spürt, wenn es unruhig wird und etwas seine Ruhe stört, man kann es bergen und warm halten. Wer sich mit dem Baby an der Seite nicht wohl fühlt, sollte darauf verzichten, denn dann fühlt sich auch das Baby unwohl. Ein Körbchen neben dem Elternbett kann genauso viel Nähe herstellen und hat den Vorteil, dass jeder auch seinen eigenen Bereich hat.

Wer sich mit dem Baby im elterlichen Bett nicht wohl fühlt, sollte darauf verzichten, sonst fühlt sich auch das Baby unwohl.

Erfahrungen zeigen übrigens, dass das Bettchen für den jungen Säugling nicht zu groß sein sollte, er braucht Halt und eine spürbare Umfriedungen, auf einer zu großen glatten Unterlage „schwimmt" er.

Die viel diskutierte Frage der Schlafposition erübrigt sich bei einem viel getragenen und in der Nähe der Mutter verbleibenden Kind. Es lehnt die ihm unbehagliche Lage ab und entspannt sich in einer anderen. Man findet das schnell heraus und sollte das Kind entscheiden lassen. In der Regel werden Kinder weder platt noch schief, noch droht ihnen Erstickungsgefahr, wenn sie eine Position bevorzugen. Eine „objektiv" beste Position gibt es nicht.

Kleine Rituale sind von Anfang an nicht nur nützliche, sondern liebenswerte Begleiter in den Schlaf. Summen und Schaukeln in einem besonders bequemen Sessel, eine Wanderung mit einem dazugehörigen Lied durchs Zimmer oder ein ganzes Repertoire an Schlafliedern am Bett gesungen, eine Spieluhr, die freundlich dudelt, alles kann helfen, den Übergang zu entängstigen. Wie später das Kuscheltier werden diese Rituale mit der Zeit Vertrautheit und Halt geben auf dem Weg in die innere oder die äußere Welt, die Traumwelt oder die Realität.

Pflege: Zeit für Zärtlichkeit

Ein Säugling trinkt und verdaut, trinkt und verdaut – und ist ein ausgesprochen „undichtes" Wesen, oben, unten, hinten, vorne.

Das Wickeln und Pflegen eines Säuglings ist jedoch keine „Wissenschaft". Wer sich unsicher fühlt und niemals Gelegenheit hatte, beim Wickeln zuzuschauen, niemals ein Baby in den Händen hatte, sollte allerdings einen Säuglingspflegekurs belegen. Ansonsten sind die Methoden, ein Baby trockenzulegen, denkbar einfach und bequem. Die Zeiten von stinkenden Windeleimern, komplizierten Wickeltechniken und ewig rutschenden Windelschichten gehören der Vergangenheit an.

Für eine perfekt sitzende Höschenwindel sind nicht mehr als drei Handgriffe nötig, aber Wickeln ist mehr – es bedeutet auch Schmusen.

Die einfachste und in jeder Hinsicht beste Wickelart ist die Verwendung von Höschenwindeln. Es sind nicht mehr als drei Handgriffe nötig, um das Baby mit einem vorzüglich sitzenden und auslaufsicheren Paket zu umhüllen. Die Feuchtigkeit wird hautschonend abgesogen, Wundsein weitgehend verhindert. Die Windeln sind so konstruiert, dass sie optimal dem Körper angepasst, an den richtigen Stellen dick oder dünn sind und die Schenkel bei optimaler Bewegungsfreiheit etwas spreizen. Das ist wichtig für die Entwicklung der Hüfte.

Wichtiger als die Technik an sich ist, dass die ganze Prozedur nicht die Lust am Umgang mit dem Babykörper verdirbt. Das Trockenlegen sollte kein Reinlichkeitsritual werden, bei dem es nur darum geht, alle Ausscheidungen so schnell und so gründlich wie möglich zu entfernen und den „blank gewienerten" Babykörper mit knappen Handgriffen wieder zu verpacken. Nähren, Schlafengehen, Wickeln sind Gelegenheiten, für das Baby Zeit zu „verschwenden".

Wirklich wichtig beim Wickeln ist die Pflege der Körperlichkeit und Sinnlichkeit des kleinen Wesens. Das Säubern, Betupfen, Ölen und Streicheln sind Teil eines Zärtlichkeitsaustausches. Babys lieben es, nackt zu sein, und man sollte es mit ihnen genießen. Man kann das Zusammenspiel seiner Arme und Beine sanft lenken. Das ganze Baby darf ausgiebig liebkost und gestreichelt werden.

Heute schon geschmust?

Am Anfang liegt es noch zart und eher zerbrechlich da, entspannt lauschend. Ein paar Wochen später gluckst und gurrt es schon bei den angenehmen Schmusereien, bei den zärtlichen Handgriffen und Neckereien auf der Wickelkommode. Jedes Baby lässt sich dabei gerne erzählen, wie reizend und vollkommen es ist und wie wunderbar alles an ihm aussieht.

Damit Ausziehen, Anziehen, Waschen, Cremen, Ölen und Windeln eine gedeihliche Erfahrung in Babys Leben werden, sollte es in der Regel, weder wenn es schläft noch wenn es weint oder hungrig ist, gewickelt werden. Ein vor Hunger oder Bauchweh erregter Säugling ist absolut intolerant gegen Gezupfe und hektisches Herummanipulieren an Körper und Bekleidung. Natürlich sollte ein Baby gewickelt werden, wenn es sehr nass ist oder die Windeln voll sind. Aber man muss es auch nicht überstürzen, denn eine gesunde Babyhaut hält den Kontakt mit den eigenen Ausscheidungen ganz gut für eine Weile aus.

Ein Baby sollte nicht gewickelt werden, wenn es schläft, weint oder hungrig ist.

Die Vorstellung, das Baby schreie, weil ihm die eigenen Ausscheidungen in der Windel unangenehm sind, es gar körperliches Unbehagen wie Ekel davor empfinde, ist eine Projektion der Erwachsenen. Der Säugling hat mit seinen Körperproduktionen keine Probleme und es besteht eigentlich auch kein Grund, seine Absonderungen und Ausscheidungen Ekel erregend zu finden.

69

Das Wundwerden ist leider in den seltensten Fällen völlig zu vermeiden. Irgendwann passiert es auch bei der sorgsamsten Pflege dann doch. Luft am Po und nackt strampeln lassen helfen beim Abheilen. Häufiges Waschen mit Wasser und Seife ist auf Dauer strapaziös für die Haut. Meist ist das Abwischen mit Öl oder Pflegetüchern sehr viel schonender.

Oft ist die Haut des Neugeborenen noch nicht so rein wie die des älteren Säuglings. Er muss sich noch an die Bedingungen außerhalb des Mutterleibs anpassen. So können noch Reste der mütterlichen Hormone im Blut des Kindes sich als Bläschen und verstopfte Poren zeigen. Die Erneuerung der Hautoberfläche verläuft noch stockend, Schuppenbildungen entstehen an verschiedenen Hautpartien oder auf dem Kopf. Der Wärme- und Wasserhaushalt ist noch empfindlich störbar und unausgereift, ebenso die Hauttemperatur und -feuchtigkeit. Das führt manchmal zu Rötungen und Trockenstellen. Erst ungefähr um den 3. Monat herum stabilisiert sich dies und das Baby bekommt seine sprichwörtlich appetitliche Babyhaut.

Körperkontrolle

Für den jungen Säugling ist es nicht nötig, ihn täglich gründlich zu waschen oder gar zu baden. Es genügt eine kleine Wäsche von Kopf und Händen, der Windelbereich ist ja sowieso mehrmals am Tag „in Arbeit".

Ein hungriges oder empfindliches Baby kann an Waschen und Baden unter Umständen erst einmal kein Vergnügen haben. Es gibt ausgesprochen wasserscheue Kerlchen, die nicht zum Baden gezwungen werden sollten.

Es ist nicht notwendig, Säuglinge täglich zu baden, eine kleine „Katzenwäsche" tut es auch.

Aus hygienischen Gründen müssen Säuglinge nicht zwingend gebadet werden. Eine kleine Katzenwäsche, ein sanftes Abtupfen, ein Klacks Creme, viele Streicheleinheiten und frische Kleidung machen aus einem Säugling einen duftenden Wonneproppen. Hautfalten, Körperöffnungen, Schleimhäute, Sinnesorgane müssen weder penibel ausgewischt noch ehrgeizig gereinigt werden.

Sich Zeit nehmen, das Kind im Blick haben, ohne es dauernd besorgt „abzukontrollieren", ein gelassener zärtlicher Umgang mit seinem Körper, das sind die Grundregeln, auf denen Pflege beruht. Ob man dann eher ein bisschen herzhaft zupackt, kräftiger rubbelt und überhaupt einen robusteren Umgang pflegt oder lieber sanft und vorsichtig einfühlend mit dem Baby umgeht, ist letztlich vor allem auch eine Frage des Verhältnisses zum eigenen Körper. Wichtig ist es, die Eigenart des Babys nicht aus dem Blick zu verlieren. Ein schreckhaftes empfindliches Baby braucht ebenso viel zurückhaltende Einfühlung wie ein gemütliches Temperament humorvolle Anregung in der Behandlung vom Körper und Seele.

Der kompetente Säugling: Wechselspiel zwischen Mutter und Kind

Die erste Entwicklungsaufgabe für den Säugling besteht ganz allgemein gesprochen darin, die Fähigkeit zu entwickeln, zwischen der Aufnahme von Reizen und den eigenen Verhaltensweisen und Reaktionen ein Gleichgewicht herzustellen. Säuglinge können sich nur dann aufmerksam auf ein Interaktionsangebot einstellen, wenn sie zur Steuerung ihrer motorischen Aktivitäten (Strampeln, Arm- und Beinbewegungen), ihrer Verhaltenszustände und vegetativen Vorgänge in der Lage sind. Diese Steuerung ist die Voraussetzung, um einen Aufmerksamkeitszustand entwickeln zu können, bei dem es auf Empfang für die Signale seiner Eltern schalten kann.

Grundbausteine des Vertrauens

In der ersten Zeit des Einrichtens lernen Eltern, ihr Kind zu verstehen und ihm das Gefühl von Ruhe und Geborgenheit zu vermitteln. Sie lernen, ihre Verhaltensweisen an die Reizschwelle des Babys anzugleichen. Das Baby macht die Erfahrung, dass es sich auf seine Mutter und ihre Bereitschaft verlassen kann, seine Bedürfnisse prompt zu befriedigen. Die Abstimmung des eigenen Verhaltens auf ihr Baby gelingt der Mutter durch eine intensive Identifizierung mit ihm. Seine Wahrnehmung steht zwar noch am Anfang der Entwicklung, es registriert aber genau, dass es der Umwelt nicht hilflos ausgeliefert ist.

Die Grundbausteine für das „Urvertrauen" (E. H. Erikson) sind gelegt. Die Fähigkeit, Beziehungen aufzunehmen, beginnt und entwickelt sich in diesem Austausch gegenseitiger Zuneigung, Vertrautheit, Stabilität, Ver-

Durch Vertrautheit und Stabilität entwickelt sich die Fähigkeit des Kindes, Beziehungen aufzunehmen.

71

lässlichkeit. Wenn der Säugling lang dauernde und stabile Erfahrungen mit einer Person machen kann, wird er sich zu einem beziehungsfähigen Menschen entwickeln.

Im Wesentlichen geschieht der Aufbau dieses ersten Sozialverhaltens im Rahmen der Regulierung und Stabilisierung der Schlaf- und Wach-, der Tag- und Nacht-, der Hunger- und Sättigungszyklen. Schon nach 4 bis 6 Wochen kann sich ein regelmäßiger Rhythmus von drei bis vier Stunden eingestellt haben.

Wohlgemerkt, es handelt sich um einen Rhythmus, den Mutter und Baby gemeinsam finden, nicht um ein starres Zeitschema. Einen Rhythmus finden bedeutet, ein Zusammenspiel vieler Faktoren zu meistern:

Man muss den Zeitablauf von Füttern und Schlafen und Wachen im Kopf haben und dennoch flexibel bleiben. Die Vorstellung eines Tagesablaufs als Rahmen zu haben hilft beim Ausbalancieren von Aktivität und Ruhe, Zuwendung und Abgrenzung, Ritual und Improvisation, Spontaneität und festen Regeln. Das wird die Kunst über viele Jahre mit dem Kind bleiben: das Management dieser spannungsreichen Anforderungen im Gleichgewicht zu halten.

Im Zusammenleben mit dem Baby geschieht dies noch ganz gemäß seinen Bedürfnissen und Möglichkeiten. Und die Fähigkeiten des Babys, sie zu zeigen, sind ebenso enorm wie die Fähigkeiten von Müttern und Vätern, für ihr Baby das Richtige zu tun.

In dieser Beziehung spiegeln die Eltern und ihr Kind sich ihre Kompetenz und die Freude darüber. Der Mutter macht es jetzt zunehmend Spaß, in ihrem Kind einen richtigen „Partner" zu entdecken, der ihr zeigt, dass sie eine gute und erfolgreiche Mutter ist, die ihr Baby gut versteht.

Ein „inneres Arbeitsmodell" entsteht

Die frühere Bindung an die Mutter baut alles weitere menschliche Erleben und Handeln auf.

Das Vertrauen in diese Art von Kompetenz auf beiden Seiten ist der rote Faden, mit dem eine gute Beziehung gesponnen wird. Im Rahmen dieser frühen Bindung entsteht etwas, was der englische Psychiater John Bowlby „inneres Arbeitsmodell" nennt. Auf diesem inneren Arbeitsmodell baut alles weitere menschliche Erleben und Handeln, alle Erwartungen an menschliche Beziehungen auf.

Die ersten Bindungserfahrungen sind die Basis für die Fähigkeit, sich Menschen zuzuwenden, Beziehungen und Bindungen selbst einzugehen, aber auch andere zur Bindung zu bewegen und sie aufrechtzuerhalten.

Verantwortlichkeit, Fürsorglichkeit und Nähe bedeuten für das Baby naturgemäß noch viel mehr als nur Wohlbefinden. Da es allein noch nicht existieren kann, steht sein Leben auf dem Spiel. Deshalb sind auch seine Verhaltensweisen, seine Bindungssignale wie Weinen, Schreien, Anklammern so heftig, dass wir darauf reagieren müssen. Mutter und Vater halten es nur unter Qualen aus, ihr Baby schreien zu lassen.

Im Rahmen der Art und Weise, wie das Baby seine frühen Bindungserfahrungen macht, die zahllosen Erfahrungen im Kontakt mit den Eltern, bauen sein „inneres Arbeitsmodell" auf. Ein Modell, das ein für alle Mal die Grundlage abgibt, wie es sich später selbst und andere beurteilt, wie es mit Situationen und Konflikten umgeht und wie viel Vertrauen es in die Welt hat.

Es sei noch einmal betont: Optimale Bindungsbedingungen, die sich in Zuverlässigkeit, Aufmerksamkeit, zärtlicher Nähe und Fürsorge ausdrücken, haben nichts mit Verwöhnen zu tun. Kinder werden auch nicht früher selbstständig, wenn man sie nur rechtzeitig in die Unabhängigkeit drängt. Im Gegenteil, je ausgiebiger ihre frühen Bindungsbedürfnisse erfüllt wurden, desto schneller und sicherer werden sie sich selbst der Welt zuwenden.

Gefühle und das erste Lächeln

Gefühle sind die erste Sprache, die das Baby auf verschiedene Weise empfängt. Es kann selbst Gefühle empfinden und ausdrücken. Seine Fähigkeit, Gefühle anderer zu erkennen und darauf zu reagieren, wird sich rasch verfeinern. Bald ist es in der Lage zu erkennen: Da ist jemand wütend, da ist jemand gereizt, da ist jemand froh über mich. Je mehr seine Eltern ihren Gefühlen Ausdruck verleihen, z.B. indem sie die für das Baby gut verständliche „Ammensprache" mit ihrem musikalischen Sing-

Das Baby lernt rasch, Gefühle zu erkennen.

73

sang benutzen, desto besser kann das Baby Gefühle erkennen und darin die andere Sprache, die Worte, kennen lernen. Für die über das Sprechen ausgedrückten Gefühle sind Babys besonders empfänglich. Deshalb können auch freundliches Sprechen, beruhigendes Singen und Erzählen so viel bewirken. Was ihr Baby fühlt, „wissen" sensible Mütter meist genau, wenn sie sich auf ihre Intuition verlassen können – ihre wichtigste Kompetenz.

In der Interaktion oder dem sozialen Spiel passt sich die Mutter den begrenzten Fähigkeiten ihres Kindes intuitiv an. Sie übertreibt und vereinfacht ein wenig ihren mimischen und körperlichen und sprachlichen Ausdruck. Die Mimik wird überdeutlich, der Mund besonders ausdrucksvoll und die Augen werden groß. Sie bewegt den Kopf zum Kind hin. Ihr Gesicht nimmt oft den Ausdruck eines freudigen Erstauntseins an. Ihre Sprechweise verlangsamt und vereinfacht sich, sie wiederholt sich oft. Wenige Laute werden mit erhöhter Stimmlage ausgesprochen. Die Mutter verändert nicht nur ihr Ausdrucksverhalten, sie stellt sich auch auf das Tempo ihres Kindes ein. Sie spürt, dass ihr Kind Zeit braucht, um sich mitzuteilen. Wenn nach ungefähr sechs Wochen deutlich das erste Lächeln an sie gerichtet ist, dann ist das wie eine Belohnung für alles.

Das erste Lächeln ist ein unvergesslicher Augenblick für die Eltern.

Zusammenspiel

Wenn wir dieses soziale Spiel zwischen dem Baby und seiner Mutter anschauen, bestätigt sich, was der amerikanische Kinderarzt und Säuglingsforscher Daniel Stern sagt, nämlich, „das Leben eines Säuglings habe einen durch und durch sozialen Charakter, sodass die meisten Dinge, die er tut, fühlt, wahrnimmt, sich in verschiedenartigen Formen sozialer Beziehungen abspielen".

Sein Gleichgewicht findet das Baby im Rhythmus der Zeit und in der Bindung an seine Mutter. Wie alle Lebewesen strebt es nach einer inneren Balance, die sein Wohlbefinden, ja sein Überleben sichert. Die innere Balance ermöglicht eine optimale Entfaltung sämtlicher Sinne und in der Folge letztlich die notwendigste aller menschlichen Fähigkeiten: sich selber und die Welt bewusst zu erfahren. In der Welt zu leben und zu lernen und sich in ein „Stück Welt", ein eigenes soziales Umfeld, hineinzufinden. Dazu braucht das Baby von Anfang an nicht nur Nahrung, Pflege,

Liebe und Nähe, sondern Anregungen und sozialen Austausch. Was es bestimmt nicht braucht, sind einseitige, gezielte Stimulationen. Das würde seine Balance stören. Seine Sinne kommunizieren in einem fein abgestimmten System und sollten in diesem Zusammenspiel nicht durch Uneinfühlsamkeit oder falschen Ehrgeiz gestört werden. Die Fähigkeit zur Selbstregulation hat Grenzen und deshalb ist es auch richtig, ein Baby vor zu viel Ehrgeiz, Tumult und Reizen zu schützen. Die wohl dosierte Teilhabe am Familienleben mit den vielfältigen Anregungen des Alltags sind am Lebensanfang ein gutes Klima für die Entwicklung des Kindes.

Die innere Balance des Säuglings ermöglicht eine optimale Entfaltung sämtlicher Sinne.

Im Familienbetrieb, in dessen Welt der Säugling hineinwächst, wird sofort deutlich, dass zwar ein Großteil der ganzen Interaktion der physiologischen Regulierung dient, aber alle Aktivitäten stellen auch eine soziale Interaktion dar. Meist handeln Eltern so, als ob das Baby das Selbstempfinden einer Person mit Absichten und Motiven hätte. In ihren Augen ist das Baby ein kleiner Mensch mit Eigenschaften und Charakterzügen, die es verstehbar machen („Sie wird einmal eine Ballerina, so graziös sind ihre Bewegungen" … „Er wird einmal Dirigent" … „Er ist schon jetzt der Boss" … „Sie weiß, was sie will" … usw.). Die Eltern nehmen also vorweg, was der kleine Mensch vielleicht einmal werden soll, schreiben ihm ganz besondere Eigenschaften und Fähigkeiten zu. Sie gehen davon aus, dass ihr Baby ein Mensch mit subjektiven Erfahrungen, sozialer Sensibilität und einem heranwachsenden Selbstempfinden ist.

Die Wahrnehmungswelt des Babys

Was die Leistungsfähigkeit des Neugeborenen und des Babys betrifft, so hat Daniel Stern besonders dessen aktive Anpassung an die Interaktion herausgearbeitet. Von ihm stammt das Konzept des „kompetenten Säuglingsverhaltens", das in den letzten Jahren auch in Deutschland bekannt und diskutiert wurde (z. B. durch den Soziologen Martin Dornes). Die Betonung liegt in der neueren Forschung nicht mehr auf der Hilflosigkeit, sondern der Aktivität, auf dem Auslösen von Verhaltensweisen.

Ein aktives Baby

Wurde der Säugling früher als Wesen angesehen, das seinen körperlichen Bedürfnissen passiv ausgeliefert ist und die Welt und sich nur unscharf wahrnimmt, so scheint heute klar, dass seine Fähigkeiten weit unterschätzt wurden. Der Säugling mit all seinen Sinnen interagiert viel mehr und sehr viel differenzierter als bis dahin angenommen. In dieser Sichtweise relativiert sich auch die Vorstellung des symbiotischen, mit der Mutter verschmolzenen Säuglings erheblich. Er ist nicht nur ein hilfloses Wesen, abhängig vom Tun der Mutter, sondern formt geradezu als aktiver Teilnehmer die Beziehung mit.

Der Säugling interagiert mit der Welt viel mehr als bislang angenommen.

Schon bei einem 3 bis 4 Wochen alten Säugling sind Verhalten und Aufmerksamkeit einem unbelebten Objekt gegenüber deutlich anders als in der Interaktion mit der Mutter. Beide entwickeln zusammen eine Abfolge von Aufmerksamkeit und Abbruch von Aufmerksamkeit. Ein Zyklus von Kontaktaufnahme, Rückzug und Warten auf die Reaktion des Partners, kann z. B. folgendermaßen vor sich gehen:

Mutter und Baby schauen einander an, lächeln und erzählen. Das Baby beginnt Arme und Beine kreisend zu bewegen und nach der Mutter zu greifen. Nach einigen Minuten beginnt das Baby sich von ihr abzuwenden. Die Mutter reagiert, indem sie auf ihre Hände schaut und hält in ihrer Aktivität einen Moment inne. Dies veranlasst wiederum das Baby, sie anzusehen. Sie lächelt, spricht, beugt sich zum Baby vor und löst damit ein Lächeln aus. Zusätzlich kreisen Arme und Beine und es gurrt zufrieden, während es sie beobachtet. Als das Baby sich von ihr abzuwenden beginnt, fügt die Mutter weitere Verhaltensweisen und Gesten hinzu. Das Baby ignoriert ihre Versuche, sich in Erinnerung zu bringen, und wendet sich von ihr ab. Nach und nach gibt die Mutter sämtliche Aktivitäten auf, bis sie ihrerseits den Blick vom Baby abwendet. Unmittelbar danach sieht sie das Baby erneut an und die Interaktion beginnt wieder.

Diese Szene entstammt einer von vielen Videoaufnahmen, die T. B. Brazelton und seine Mitarbeiter zur Analyse von solchen Interaktionsphasen machten.

Wichtig bei dieser Beschreibung ist vor allem die Komplexität der Einfühlung, die schon in dieser winzigen Episode deutlich wird. Die wirkungsvollste Möglichkeit der Mutter, die Interaktion positiv zu beeinflussen, liegt offensichtlich in ihrer Sensibilität für die Konzentrationsfähigkeit des Babys und sein Bedürfnis, sich nach einer Weile ganz oder teilweise zurückzuziehen. Obwohl der Säugling scheinbar unentwegt auf die Mutter konzentriert ist, zeigen Videobilder den zyklischen Charakter des Ansehens und Wegsehens. Indem sie wegsehen, bewahren die Säuglinge sich eine gewisse Kontrolle über das Ausmaß der Stimulation, der sie sich aussetzen.

Durch Wegsehen bewahren sich Babys eine Kontrolle über die Stimulation, der sie sich aussetzen.

Ein einfühlsames Wechselspiel

Mütter müssen ein Gefühl entwickeln für das Bedürfnis ihres Babys, das innere Gleichgewicht aufrechtzuerhalten und dieses Bedürfnis, sich zu schützen, respektieren, weil sie es sonst überlasten. Hier scheint auch der Schlüssel zu den Schwierigkeiten zu liegen, die es machen kann, einen gemeinsamen Rhythmus von Schlafen, Trinken, Entspannen zu finden.

Die Fähigkeit der Mutter, auf die Signale ihres Babys angemessen zu reagieren, entwickelt sich mit seinem Verhalten, das ihr zeigt, ob sie richtig oder falsch liegt. Auf diese Weise verbessert sie ihre Reaktionen und entwickelt ein Verhaltensrepertoire, das jeweils „passt" oder „nicht passt". Brazelton nennt das „Rapport", im Sinne eines Musters oder sich wiederholenden Motivs. Solche Muster erfordern sowohl eine kognitive als

Babys sind keineswegs nur hilflose Wesen, sie nehmen die Umwelt aktiv wahr.

auch gefühlsmäßige Verfügbarkeit der Mutter, sodass sie eine situative Übereinstimmung mit ihrem Baby zustande bringt.

Wenn Mutter und Kind sich auf diese Weise schon ganz gut kennen gelernt haben, können sie einen bestimmten Rhythmus entwickeln und haben schon bald bestimmte Erwartungen von Gemeinsamkeit: Beide wollen den anderen „mitziehen" im Wechsel von Aufmerksamkeit und Nicht-Aufmerksamkeit. Dieses Mitziehen und gegenseitige Anspornen tragen zu Entwicklung und Vertiefung der Bindung entscheidend bei.

Die gemeinsamen Spiele ab dem 3. und 4. Monat, mit Lächeln, Nachahmen, Erzählen, Gesichterschneiden usw., geben dem Baby und seiner Mutter Gelegenheit zu zeigen, wie gut sie einander schon verstehen. Das gegenseitige Mitziehen ist die Möglichkeit zur Gestaltung des Zwiegesprächs. Der Säugling lernt, sowohl die Mutter als auch die Interaktion selbst zu steuern. Die Mutter lernt, wie sie die Aufmerksamkeit des Babys stabilisieren und ihm helfen kann, sein Verhaltensrepertoire zu erweitern. Wenn dem Baby bewusst wird, dass es die Interaktion zu steuern vermag, ist auch die Grundlage zur Selbstständigkeit gelegt. Das heißt, neben dem Gemeinsamkeitserlebnis mit seiner Mutter entwickelt sich das Gefühl, selbst Urheber seiner Handlungen zu sein.

Wärend der Interaktion wird die Grundlage zur späteren Selbstständigkeit des Kindes gelegt.

Beides ist gleich wichtig und hängt miteinander zusammen. Die Fähigkeit zur Selbstständigkeit hat ihre Wurzeln im Vertrauen auf die vorhersehbaren Reaktionen seitens der Mutter, für die es gar nicht so leicht ist, in dem kleinen hilfsbedürftigen Menschlein eine von ihr getrennte Person zu sehen, die zu ihr hinstrebt und ganz bei ihr geborgen sein will, doch ebenso lebensnotwendig von ihr fortstrebt.

Das Selbstempfinden

Professor Stern hat sich in seiner Forschung auf die Frage, wie und wann Säuglinge sich und andere Personen sehen, hören und verstehen, wie und wann sie mit anderen interagieren können und Gefühle entwickeln, die sich auf den anderen wie auch auf das eigene Selbst beziehen – kurz sein „Selbstempfinden" konzentriert. Er hat herausgearbeitet, dass bestimmte Selbstempfindungen von Anfang an den Entwicklungsprozess des Säuglings mitorganisieren.

Aber was ist dieses „Selbst" eigentlich? Was man „selbst" ist, lässt sich ja recht schwer definieren, immer nur annähernd beschreiben. Dennoch haben wir als Erwachsene ein sehr reales „Selbst-Empfinden": Wir empfinden ein Selbst als einzelnen, abgegrenzten, integrierten Körper; wir empfinden ein Selbst als Handlungsinstanz, ein Selbst, das unsere Gefühle empfindet, unsere Absichten fasst, unsere Pläne schmiedet, unsere Erfahrungen in Sprache umsetzt und unser persönliches Wissen ordnet und mitteilt. Instinktiv verarbeiten wir unsere Erfahrungen so, dass sie zu einer Art persönlicher Organisation passen, die man gewöhnlich als Selbstempfinden bezeichnet.

Die Forscher können uns erklären, wie das Baby seinen Einstieg in das soziale Leben meistert.

Säuglinge beginnen von Geburt an ein sich herausbildendes oder, wie Stern sagt, „auftauchendes" Selbst zu erleben. Ein erster deutlicher Entwicklungsschub ist mit zwei bis drei Monaten zu erkennen. Bereits das Neugeborene verfügt über die Fähigkeit, Selbstorganisationsprozesse wahrzunehmen: Es erlebt nicht unsortierte Einzelheiten, sondern kann, was es mit seinen Sinnen wahrnimmt, zusammenfügen. Einzelheiten werden in ein umfassenderes Wahrnehmungserlebnis eingefügt. Der Säugling erlebt, so Stern, auch nie eine Phase völliger Unabgegrenztheit, so als gäbe es für ihn keine Erfahrung der Verschiedenheit mit seiner Mutter und er könnte sich mit ihr verwechseln. Er ist auch in der Lage, von Beginn an wählerisch auf soziale Vorgänge zu reagieren, und ist nicht zunächst über eine längere Phase in sich selbst versunken.

Zwischen dem 2. und dem 6. Monat verfestigt sich das, was Stern das „Kern-Selbst" nennt. Es ist ein organisierendes inneres Erleben, das die Empfindung ermöglicht, als abgegrenztes körperliches Wesen mit einem fortbestehenden Zusammenhalt körperlich und geistig in einer Kontinuität zu existieren. Die Fähigkeit der abgestimmten Interaktion und des Einssein mit der Mutter beruht also nicht auf der Unfähigkeit, zwischen sich und anderen zu unterscheiden. Die Erfahrung des Einsseins, die der Säugling macht, beruht auf dem Gelingen einer aktiven Organisation des Zusammenseins.

Grundmuster des Lernens

Die Entwicklungsschritte, die das Baby jetzt tut, sind der Aufbau einer Art Basisorganisation. Und um organisieren und ordnen zu können, müs-

Das Baby baut in diesen Entwicklungsschritten eine Art Basisorganisation auf, die ihm hilft, Beziehungen zwischen Vorgängen herzustellen.

sen Beziehungen zwischen einzelnen Erlebnissen, sich selbst und außen hergestellt werden. Das ist ein Grundmuster von Lernprozessen. Die Verbindung, die der Säugling in der Phase seines „auftauchenden Selbst" herstellt, sind zum Teil angeborene Fähigkeiten, zum Teil Lernvorgänge. Er erlebt ein erstes Gefühl von Regelmäßigkeit und Geordnetheit. Auf diesen Bezugspunkten baut das „Kern-Selbst" auf.

Die weitere Organisation des Erlebens betrifft nun den Körper: das Gefühl seines Zusammenhangs, seiner Handlungen, Gefühlszustände und die Erinnerung an all dies.

Stern nennt verschiedene Fähigkeiten, die in der anfänglichen Wahrnehmungs- und Gefühlswelt für Ordnung sorgen, und dafür, dass ein beginnendes Selbstempfinden entsteht: 1. Amodale Wahrnehmung, 2. Physiognomische Wahrnehmung, 3. Vitalitätsaffekte.

Diese auf den ersten Blick strapaziösen Fremdworte sagen uns, wenn wir etwas Geduld aufbringen, etwas ganz Zentrales über das Baby. Sie fassen die Fähigkeiten zusammen, die es unserem Kind ermöglichen, Verbindungen zwischen verschiedenen Erfahrungen herzustellen und dadurch sowohl in sich selbst wie in der Welt eine auftauchende Ordnung zu erfahren.

Amodale Wahrnehmung bedeutet, dass Wahrnehmungen, die mithilfe verschiedener Sinnesorgane gemacht werden, miteinander in Beziehung gesetzt und verglichen werden. Also verfügt das Baby über die Fähigkeit, einen „Informationstransfer" von einem Modus in den anderen vorzunehmen, der es erlaubt, eine Entsprechung z. B. zwischen einem gefühlten und einem gesehenen Eindruck zu erkennen. „Modalitäten" sind hier sozusagen Transportmittel für Sinnesreize. (In verschiedenen Schnuller-Experimenten steckte man z. B. Säuglingen einen Schnuller mit und einen ohne Noppen in den Mund und zeigte ihnen anschließend Bilder solcher verschiedenen Schnuller. Sie bevorzugten immer Bilder von Schnullern, die sie zuvor im Mund gefühlt hatten.)

Wahrnehmungen bringen jetzt auch Gefühle in Bewegung.

In ähnlicher Richtung wirkt die physiognomische Wahrnehmung. Damit ist gemeint, dass nicht nur die Gestalt, die Ausprägung, einer Sache, eines Tones, einer Farbe usw. wahrgenommen werden, sondern diese

Wahrnehmungen auch Gefühle in Bewegung bringen. Töne werden z. B. als „zornig" oder „fröhlich" wahrgenommen, Farben als „warm" oder „kalt", abfallende Töne oder aufwärts gezackte Linien haben Ausdruckseigenschaften wie „traurig" oder „gefährlich".

Vitalitätsaffekte schließlich sind Erlebniseigenschaften oder auch Lebensäußerungen. Ein Erlebnis kann „flüchtig" oder „einschneidend" oder „explosiv" sein. Etwas wird als „anschwellend" oder „abklingend" erlebt. Die unterschiedlichen Arten des Fühlens nimmt der Säugling an sich wie auch am Verhalten anderer Menschen wahr. Die unterschiedlichen Vitalitätsgefühle können in einer Vielzahl dessen, was Eltern den lieben langen Tag mit dem Baby tun, zum Ausdruck kommen: in der Art, wie die Mutter ihr Baby aufnimmt, wie sie die Windel auseinander faltet, wie sie das Kind anfasst und bewegt, sich die Haare zurückstreicht, nach der Flasche greift, sich mit dem Baby an einen schönen Platz zurechtsetzt – in all diese „Vitalitätsgefühle" taucht das Baby ganz und gar ein.

Das Baby erlebt also die Welt nicht als Anhäufung formaler Handlungen, sondern es taucht in ein Zusammenspiel von Gefühls- und Affektklängen ein. Es erlebt, dass es viele Arten gibt, angefasst zu werden, in Lachen oder Weinen auszubrechen oder ein Fläschchen zu bekommen usw.

Das Resümee dieser Einsichten ist zunächst einmal: Es gibt nicht eine Hörwelt, eine Sehwelt, eine Fühlwelt, die dann im Laufe der Entwicklung zu einer einheitlichen Welt koordiniert werden, sondern eine einheitliche Welt, die sich im Laufe der Entwicklung in viele Welten aufgliedert. Der Säugling entdeckt in sich und der Welt Zusammenhänge, Regelmäßigkeiten und wiederkehrende Gruppierungen und kann dadurch in sich ein Gefühl von Ordnung errichten.

Für das Baby beginnt sich die innere und äußere Welt zu ordnen.

Diese Regelmäßigkeiten sind die Grundbausteine des auftauchenden Selbstempfindens und der Wahrnehmung der Welt der Dinge.

Denken, Handeln, Fühlen und Wahrnehmen existieren am Anfang nicht als unterscheidbare Aktivitäten. Sie werden empfunden als zeitliche Strukturen, Intensitäten, Gestalten, Rhythmen und als bewegliche Muster. Die Welt und das Selbstempfinden sind deshalb nicht undifferenziert oder durcheinander. Sie sind von einer besonderen Ordnung. Die Entstehung des Ordnungsgefühls von sich und der Welt ist ein Thema – wie das Thema eines Musikstücks –, das sich zu allen Zeiten der Entwicklung auswirkt, z. B. auf die Art des Lernens.

Diese Entwicklung als immanentes System und multimodaler Prozess stellt sicher, dass immer neue Bereiche geübt werden, immer neue Kombinationen vom Baby bevorzugt, gelernt und schließlich integriert werden.

Vaterrolle: Der Vater ist mit im Spiel

Das Baby strebt wie jedes Lebewesen aktiv nach innerer Balance, die für sein Wohlbefinden, seine Entwicklung von größter Bedeutung ist. Wir wissen heute, dass dies eine ganzheitliche, alle Wahrnehmungssysteme betreffende Regulation ist. Sie ermöglicht die optimale Entfaltung aller Sinne und letztlich die menschlichste aller Fähigkeiten: nämlich sich selbst und die Welt bewusst zu erfahren, in eine soziale Gemeinschaft hineinzufinden und in ihr zu lernen.

Gefühle entlocken

Sobald der Säugling es regelmäßig zustande bringt, ein inneres Gleichgewicht herzustellen, und wenn er auf dieser Grundlage seine Erwartungshaltung und Erregung in einer verlässlichen Beziehung erlebt, beginnt er seine emotionalen und kognitiven Fähigkeiten zu entdecken. Er erlebt dann, wie viel Freude es macht, „seinen Erwachsenen" Reaktionen zu entlocken und selbst angemessen zu reagieren. Er beginnt Gefühle bei sich und den anderen Menschen wahrzunehmen. Indem er auf die Reaktionen von Mama und Papa eingeht, sie beantwortet und erweitert, lernt er die emotionale Atmosphäre mitzusteuern. Er kann nun etwas ganz Wichtiges beginnen, nämlich Kontrollmöglichkeiten zu verinnerlichen, die notwendig sind, um Gefühle zu erleben. Und er lernt noch etwas Wichtiges, nämlich was es heißt, emotionale Reaktionen in anderen Menschen hervorzurufen.

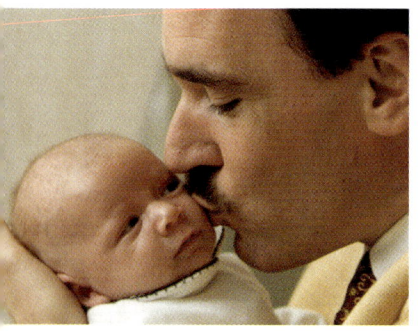

Für die spielerische Interaktion von Baby und Eltern gibt es keinen Fahrplan und keine Rezepte, sie ist bei jedem „Paar" unverwechselbar und einmalig, eben weil zwei Menschen einander begegnen. Diese Begegnung soll auch nichts besonders Herbeigeführtes und in Szene Gesetztes sein, sie ist vielmehr in den ganz normalen Tagesablauf eingewoben.

Ein eigenes Repertoire

Auch mit dem Vater hat der Säugling ein eigenes Repertoire, das sich von der Interaktion mit der Mutter unterscheidet. Im Übrigen kann der Vater darauf vertrauen, auch wenn er sich manchmal aus der „Exklusivität" der Beziehung zwischen seinem Baby und seiner Frau ausgeschlossen fühlt, dass hier die beste Voraussetzung für das Gelingen aller bald nachfolgenden Beziehungen entsteht.

Im Übrigen bedeutet es nicht, wenn die Mutter die Hauptperson in Babys erstem Lebensjahr ist, dass der Vater sich raushalten sollte. Im Gegenteil, er soll sich so viel einmischen wie möglich, damit beide einander kennenlernen. Er ist ähnlich wie die Mutter in der Lage, das Verhalten des Babys richtig zu „lesen". Eltern sind offenkundig mit der Gabe ausgestattet, sich intuitiv richtig auf die Aufnahme- und Ausdrucksmöglichkeit ihres Babys einzustellen. Eltern spüren, wann ihr Kind zur spielerischen Kommunikation bereit ist, wann es müde wird und wann es in Ruhe gelassen werden möchte. Kein Ratgeber kann Eltern sagen, wie viel und welche Art der Zuwendung ihr Kind braucht – sie müssen es mit sich selbst ausmachen.

Ebenso wie die Mutter lernt auch der Vater, welche Rolle von ihm erwartet wird. Er passt sein Verhalten, seine eigenen Rhythmen denen des Babys an und lernt dabei, auf das Kind einzugehen und seine Entwicklung zu fördern.

Väter spielen anders

Dem Vater gegenüber reagiert das Kind oft anders, denn Väter neigen eher zu lebhaften animierenden Spielen. Sie knuffen und berühren das Baby und steigern seine Erregung. Entsprechend sind die Erwartungen des Babys. Wenn es die Stimme des Vaters hört, spannt sich der Körper, die Bewegungen sind abgehackter. Es zieht seine Schultern erwartungsvoll hoch, während es den Vater beobachtet, um zu lächeln oder zu kichern, und Finger, Zehen, Arme und Beine schießen dem Vater entgegen

Vater und Baby haben ihr eigenes interaktives Repertoire.

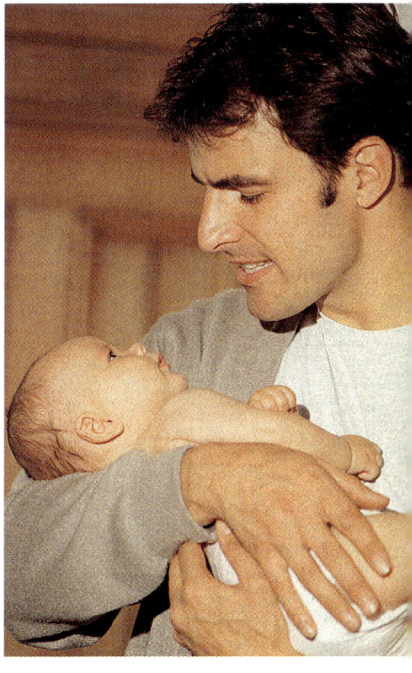

Väter leisten einen wichtigen Beitrag zur Entwicklung des Kindes.

und ziehen sich dann kurz zurück. Es erwartet, dass er mit ihm spielt. In seinen Protokollen über das 1. Lebensjahr beschreibt Brazelton das vier Wochen alte Baby Tommy: „Die Perioden der Anteilnahme an seiner Umwelt dauerten am längsten, wenn Mr. Moore sich mit ihm befasste. Oft konzentrierte sich Tommy so angestrengt auf das Gesicht oder auf die Stimme seines Vaters, dass er schielte. Oder er zitterte am ganzen Körper oder bekam vor Anstrengung sogar einen Schluckauf … Mr. Moore fühlte sich mit seinem Baby innig verbunden."

Die Möglichkeit, sich in ein Spiel mit dem Baby zu vertiefen, sich zu identifizieren und auf seine Entwicklungsstufe einzulassen, ist bei Müttern traditionell und natürlicherweise gegeben. Männern fällt das schwerer. Sie hatten nicht immer so freien Zugang zu ihren Babys, wie wir es heute als ganz selbstverständlich betrachten. Dass Babys eine absolut weibliche Domäne in unsere Kultur waren, ist noch gar nicht so lange her.

Vielen Müttern fällt es immer noch nicht leicht, ihre Männer uneingeschränkt an das Baby „heranzulassen" – sie kontrollieren dann gerne, ob

84

er auch alles richtig macht. Und gemeinhin heißt es ja auch immer noch, dass Männer mit kleinen Babys nicht viel anzufangen wissen. Sie treten erst auf den Plan, wenn das Kind sich aus der engen Bindung mit der Mutter löst und beginnt die Umwelt und ihre Regeln zu erforschen.

Vielleicht ist hier nicht so sehr die Frage relevant, ob es die Väter den Müttern gleichtun sollten, sondern was Männer als Väter tun können. Offenkundig leisten Väter gerade in der ihnen eigenen Rolle einen wesentlichen Beitrag zur Entwicklung ihres Kindes. Jedes Paar muss für sich hier eine passende Rollen- und Aufgabenverteilung finden.

Fraglich scheint in der Entwicklung unserer Gesellschaft immer mehr, ob Partner sich (noch) bereit finden, ein solches Ausmaß an gegenseitiger Bindung und Verantwortung füreinander zu übernehmen. Und für (selbständige) Frauen stellt sich die Frage: Kann ich mich über einen langen Zeitraum so abhängig von einem männlichen Partner machen und mich in dem Maße zurückziehen, wie es das Leben mit einem Baby erfordert? Wird dieser Partner mir wirklich den Rücken freihalten und die volle Verantwortung für mich und unser Kind übernehmen? Da es nicht mehr bestimmte Konventionen und Zwänge sind, die zum Zusammenhalt einer Partnerschaft und Familie nötigen, ist auf der Seite der Männer nicht nur eine „neue Väterlichkeit" gefragt, sondern eine Befähigung zur Verantwortung.

Manchmal fällt es Müttern schwer, ihre Männer ohne Aufsicht an das Baby heranzulassen.

DIE WELT BEGREIFEN: 4.–8. MONAT

Bis zum 4. Monat hat das Baby gelernt, die Welt um sich herum vertrauensvoll und von innerer Sicherheit geleitet zu erforschen. Was könnte dieses Vertrauen und Sicherheitsgefühl zuallererst hervorbringen, wenn nicht die Erinnerung an einschlägige frühere Erfahrungen, an das Erkunden der Welt gemeinsam mit dem wichtigsten „Gegenüber" – der Mutter. Mit ihr ist das Baby anfangs nahezu ununterbrochen zusammen und eben mit seiner Erinnerung an das zuverlässig immer wiederkehrende Zusammensein.

Geistige Fähigkeiten und das Selbstempfinden

Die Vorstellung der Gemeinschaft mit der Mutter als zu ihm selbst gehörende Wirklichkeit ist nahezu allgegenwärtig, das Baby verliert diese Sicherheit nicht mehr einfach. Die Erfahrungen des Zusammenseins bilden dauerhafte, gesunde Bestandteile der geistigen Landschaft, die ständig in Wachstum und Ausgestaltung begriffen, aktive Elemente seines Gedächtnisses sind, das Erfahrungen ordnen und einbauen kann, in Erinnerung ruft und auf diese Weise das Verhalten steuert.

Eine kleine Persönlichkeit

Von einem Baby dieses Alters gewinnt man den Eindruck, es schon mit einer kleinen Persönlichkeit zu tun zu haben. Im Kontakt und sozialen Spiel wirkt es jetzt vollständiger integriert, sodass man das Gefühl hat, als ob seine Aktionen, Absichten, Affekte, Wahrnehmungen und Erkenntnisse jetzt alle ins Spiel gebracht und für eine Weile auf die Interaktion konzentriert werden können.

Das Baby macht jetzt einen „runden" Eindruck.

Das Baby ist nicht nur geselliger und ausgeglichener, aufmerksamer und gescheiter, es scheint Begegnungen und Beziehungen organisieren und gestalten zu wollen. Es ist eine „richtige Persönlichkeit", die so etwas wie „Selbstbewusstsein" ausstrahlt. Es weiß also: das bin ich und da sind Mama und Papa und ich kenne sie schon ganz gut. Man kann eine Menge mit ihnen machen. Sie sind zuverlässig für mich da. Sie gehen auf meine Vorschläge ein usw. Die Voraussetzungen für die „Rundung" unserer kleinen Baby-Persönlichkeit werden mit den Begriffen der Wissenschaft ungefähr wie folgt beschrieben. Die Erfahrungen, die dem Säugling zugänglich sind und die zur Entwicklung eines organisierten Kern-Selbst beitragen, sind die „Urheberschaft", die „Selbst-Kohärenz", die „Selbst-Affektivität" und die „Selbst-Geschichtlichkeit".

Was steckt hinter diesen Begriffsungetümen Wissenswertes für Eltern? Die „Urheberschaft" ist einfach das Empfinden, das eigene Handeln auch selbst in Gang gebracht zu haben, eben der Urheber der eigenen Handlung zu sein; den Willen zu besitzen, selbst erzeugte Aktionen kontrollieren zu können (meine Hand bewegt sich, wenn ich will dass sie greift) und bestimmte Konsequenzen der eigenen Aktionen zu erwarten (wenn ich die Augen schließe, wird es dunkel).

Die „Selbst-Kohärenz" (Kohärenz bedeutet so viel wie Zusammenhang) ist das Empfinden, ein vollständiges körperliches Ganzes zu sein und sowohl in der Bewegung, in der Interaktion als auch im Ruhezustand über Grenzen und ein körperliches Handlungszentrum zu verfügen. Die „Selbst-Affektivität" meint das Erleben von regelmäßigen inneren Gefühlsqualitäten (also kleine Bausteine für das, was später mal die großen Gefühle wie Glück, Trauer, Wut etc. werden), die Teil der übrigen Selbsterfahrung sind.

Das Baby hat schon zahlreiche Erfahrungen über die meisten Affekte gesammelt – Freude, Kummer, Interesse, auch Wut oder Überraschung. Es erwartet schon in Verbindung mit bestimmten Affekten charakteristische Ereignisse und Verhaltensweisen – also z.B. Mama schneidet Grimassen, Papa wirft mich in die Luft, das sind Anlässe für Spaß und Freude. Das Empfinden des Kern-Selbst bliebe ohne die Kontinuität des Erlebens eine flüchtige Angelegenheit. Doch die „Selbst-Geschichtlichkeit" gibt schon dem Baby ein Gefühl von Dauer, der Einbindung in die eigene Vergangenheit. Winnicott nennt es das „going on being", das Gefühl eines fortwährenden Seins, sodass man sich verändern und doch dieselbe Person bleiben kann.

Bis jetzt hat das Baby schon viele Erfahrungen gesammelt. Es hat schon ein Gefühl von Dauer.

Der Säugling nimmt am Fluss der Regelmäßigkeiten teil und er hat ein Gedächtnis. Er registriert Erlebnisse und Affekte und kann sich das

Eltern sind die Vermittler und üben einen großen Einfluss auf den Erkundungseifer des Kindes aus.

nächste Mal verändert darauf einstellen (das Fläschchen war das letzte Mal zu heiß, diesmal reagiert er vorsichtig und scheu). Kurz, er ist in der Lage, eine immer auf den neuesten Stand gebrachte „Geschichte" zu bewahren – seine eigene Geschichte.

Die Mutter regelt das Fühlen und Erleben

Noch ein anderer Aspekt ist wichtig, um sich das Erleben des Babys vorstellen zu können. Es ist das, von dem wir teilweise schon in der Beschreibung der Interaktion gehört haben und was Stern in einem umfassenderen Sinn als „Selbst in Gemeinschaft mit dem Anderen" beschreibt. Stern betont immer wieder die aktive Integrationsleistung des Babys in der Zweisamkeit mit der Mutter. Auch dann, wenn es eigentlich die Mutter ist, die sein Selbsterleben reguliert, für sein Wohlbefinden sorgt. In diesem Sinne ist sie „ein das Selbst regulierender Anderer".

Im Spiel bringt sie Ordnung und Gleichmäßigkeit in die Intensität seiner Affekte und den Grad der Erregung. Sie lächelt etwas intensiver, löst damit ein noch breiteres Lächeln aus, ein noch stärkeres Rudern mit den Armen und Beinen, das sie wiederum anspornt usw., eine Spirale, die mit dem Begriff „Mitziehen" gut getroffen ist. Hier geht es noch mehr darum, zu sehen, wie im Alter bis zu 8 Monaten ein enormer Teil des gesamten Affektspektrums, das vom Baby erlebt werden kann, nur im Zusammensein und durch die Vermittlung seiner Mutter möglich ist.

Sicherheit und Bindung isind weitere Erfahrungen in der Gemeinschaft mit der Mutter. Alle Vorgänge, die die Gefühle der Bindung, der körperlichen Nähe, Geborgenheit und Sicherheit regulieren, stellen gemeinsam geschaffene Erfahrungen dar.

Das bleibt unser Leben lang so, ob wir uns an einen warmen Körper kuscheln und anschmiegen und in den Arm genommen werden, ob wir einem anderen in die Augen sehen und von ihm angeblickt werden, ob wir uns an ihm festhalten und von ihm gehalten werden – all diese intensiven Erfahrungen in Gemeinschaft mit einem anderen gehören zu den kostbarsten sozialen Momenten unseres Erlebens und sie können nur dann auftreten, wenn sie durch einen anderen Menschen ausgelöst oder beantwortet und lebendig gehalten werden.

In ihrer Gemeinschaft regulieren Baby und Mutter (der Vater spielt hier aber auch eine wichtige Rolle!) die Aufmerksamkeit und Neugier, mit der das Baby an der Welt teilnimmt. Durch ihre Vermittlerrolle üben die Eltern einen bedeutenden Einfluss auf den Erkundungseifer ihres Babys und seine Fähigkeit zu staunen aus.

Erinnerungen

Also ist das Kind, auch wenn es allein ist, doch durch die Erinnerung an wichtige Erlebnisse mit der Mutter verbunden. Solche Erinnerungen herbeirufen zu können ist ein wichtiger Entwicklungsschritt für das Baby. Sowohl im Alleinsein als auch im Zusammensein spielen sie eine tragende Rolle.

In Erinnerung bleiben nicht nur Einzelheiten, Episoden oder Ausschnitte davon. Wichtig sind vor allem die Zusammenfassungen und Verallgemeinerungen mehrerer Episoden.

Das Affektspektrum, das vom Baby erlebt werden kann, ist nur durch die Vermittlung der Mutter möglich.

Durch die Erinnerung ist das Kind, auch wenn es allein ist, mit der Mutter verbunden.

91

Das Baby macht sich ein allgemeines Bild. Nach dem ersten „Guck-Guck"-Spiel z.B. hält es die Erinnerung an diese spezielle Erfahrung fest. Nach dem zweiten, dritten, zehnten Spiel, das ja immer kleine Veränderungen erfährt, hat es eine verallgemeinerte Version des „Guck-Guck"-Spiels in sich aufgenommen.

Diese Verallgemeinerungen sammelt das Baby und kann sie in Erinnerung rufen. Solche verallgemeinerten Muster von wirklich erlebten Erfahrungen sind wie Inseln oder Haltepunkte im Fluss der Ereignisse. Stern nennt sie „Gefährten", die sich das Baby ins Gedächtnis rufen kann, auch wenn es allein ist. Sie stärken seine Selbstständigkeit. Diese abrufbaren Gefährten spielen ebenso in der Interaktion mit der anwesenden Bezugsperson eine Rolle wie in deren Abwesenheit, indem sie aktiviert werden, sodass die Mutter in Form einer Erinnerung gegenwärtig wird. Auch in ihrer Gegenwart spielen sie zunehmend eine Rolle, denn die Erinnerungsgefährten helfen dem Baby dabei zu verstehen, was gerade passiert. Sie bilden ein Archiv der Vergangenheit zur Orientierung in der Gegenwart.

Mein Baby entwickelt sich – und ich?

Wie wir gesehen haben, ist das Baby von Anfang an erstaunlich aktiv, aber diese Aktivitäten sind noch zart und anfällig, finden in einer Art Umhüllung statt, die das Baby und die Mutter nach außen schützen. Nach dem vierten Monat hat man den Eindruck, als schlüpfe das Baby erneut aus. Jetzt allerdings an das feste Band der Beziehung zu seinen Eltern geknüpft. Zu diesem Zeitpunkt sind die meisten Babys unwiderstehlich und entsprechen am ehesten unserem Bild vom wonnigen, properen Baby, das „aus allen Knopflöchern" strahlt.

Jetzt ist das feste Band an Beziehungen zwischen Eltern und Kind geknüpft.

Wonnig und handlich

Sein Körper ist jetzt wohl gerundet, an Ellbogen und Knien sind kleine Grübchen. Die Augen sind groß und rund, wonnige Pausbäckchen und ein Mündchen, das jetzt immer mehr mit Gurren, Glucksen, Blubbern und Stimmübungen beschäftigt ist – zum Anbeißen! Das Wollhaar auf dem Rücken und den Ohrmuscheln ist verschwunden, Hautausschläge und Pickelchen sind abgeklungen. Wenn man das Baby jetzt hochnimmt, fühlt es sich fest und kompakt an und behält eine gewisse Spannung. Es ist der Welt und ihren Menschen freundlich zugetan und lässt sich gerne auf diesen und jenen Schoß nehmen, ohne besonders irritiert zu sein.

Es ist nun auch besonders „handlich" und nicht mehr so zerbrechlich, lässt sich überallhin mitschleppen oder auch mit einer kleinen Beschäftigung „beiseite legen" oder „dazusetzen". Dieses „Mitschleppen" geht im zweiten Lebenshalbjahr besonders gut und ist eine wunderbare Möglichkeit, mobil zu sein und dennoch im Kontakt mit dem Baby zu bleiben. So genannte Tragehilfen können ein genähter Tragesitz oder das Tragetuch sein, mit denen man sich das Baby vor den Bauch oder auf den Rücken bindet.

Regina Hilsberg beschreibt ihre Erfahrungen mit dem Tragen im Trage-tuch so: „Für mich war das Tragen die Möglichkeit, zwei Dinge auf ein-mal zu tun: das Baby zu beschäftigen und meiner Gegenwart zu verge-wissern und gleichzeitig meine Arbeit zu tun. Außerdem war der „Funk-weg" vom Baby zu mir sehr kurz. Ob es hungrig wurde, merkte ich nicht erst am Geschrei, sondern schon an seinen suchenden Kopfbewegungen. Wenn es drückte, spürte ich auch das genau … Bauchweh verzog sich durch Wärme und Massage, und wenn das Baby müde wurde, schlief es einfach ein. Es musste weniger schreien und bekam seine Bedürfnisse doch eher befriedigt, als wenn es mich vom Bettchen, Decke oder Wippe aus hätte herbeiweinen müssen." Das Baby genießt es sehr, vom Körper der Erwachsenen aus die Welt zu betrachten. Es teilt von seinem ange-nehm schaukelnden Sitz aus die Perspektive von Mutter oder Vater, be-wegt sich mit ihnen durch die Welt, nimmt an ihren Beschäftigungen teil, sieht, wie und womit sie hantieren und was sie schließlich alles bewirken können.

Die Eltern sind zu dieser Zeit meist völlig vernarrt in ihr munteres Baby und zeigen es verständlicherweise jetzt besonders gern vor. Die erste, oft anstrengende gemeinsame Strecke ist ja auch geschafft und die Entwick-lung geht eindeutig „aufwärts" und die Fortschritte, die das Baby macht, werden immer sichtbarer.

Dass die meisten Gedanken und Aktionen sich jetzt um das Baby drehen, ist völlig richtig und normal.

Total angebunden

Sollte allerdings das Gefühl im Vordergrund stehen, nur noch verzichten zu müssen und gar nicht mehr zu sich selbst zu kommen, dann ist Innehalten angesagt. Natürlich darf „frau" schon mal in Verzweiflung geraten über einen schier endlosen Alltag, obwohl sie eigentlich „alles so gewollt" hat und eine bewusste, gut überlegte Entscheidung getroffen, ja herbeigesehnt hat. Ein Baby großzuziehen bedeutet eine gewisse Isolation in unserer Kultur und es lässt sich vorher nicht genau ausmachen, welche Auswirkungen es hat.

Ein nicht enden wollender Alltag kann schon mal zur Verzweiflung führen.

Kleine Babys und ihre Mütter scheinen in viele Bereiche unseres Lebens nicht so recht hineinzupassen: wir leben nun mal nicht alle in Häuschen auf Butterblumenwiesen, umgeben von netten Nachbarn, freundlichen Tanten, patenten Freunden und hilfreichen Opas. Es ist deshalb gut, manchmal einfach etwas unkonventioneller und mutiger zu sein und auch „kinderfremden" Umgebungen seinen eigenen Stempel aufzudrücken und dorthin zu gehen, wohin man gehen möchte: mit Kind!

Wenn allerdings die Decke auf den Kopf zu fallen droht und verpasste Kinobesuche und dergleichen als Verlust empfunden werden, ist es an der Zeit, einmal gründlich zu überlegen, welche Prioritäten man setzen möchte und in welcher Phase des eigenen Lebensentwurfs man angekommen ist. Gibt es nicht Dinge, auf die man eine Zeit lang ganz gut verzichten kann, ohne sie völlig aus dem Auge zu verlieren, die man zu einem späteren Zeitpunkt wieder aufgreifen kann? Ist vielleicht das Gefühl des Dauerverzichts und der Isolation deshalb so stark, weil man schon vorher, bevor das Baby da war, nicht so richtig auf die eigenen Bedürfnisse geachtet hat?

Wenn die eigenen Möglichkeiten nicht reifen konnten, Ideale und Ziele nicht in einem befriedigenden Maß erreicht oder auch verworfen werden konnten, ist die Situation, „nur Mutter" zu sein, oft besonders bedrückend. Jetzt, wo das Baby beginnt, sich etwas abzustoßen, aus der innigen Zweisamkeit drängt, tauchen diese Gedanken auf. Man möchte wieder mehr den eigenen Bedürfnissen nachgehen und den beengenden Raum der Familie verlassen, mehr für sich selbst tun. Da das Baby seine Interessen nicht selbst vertreten kann, sondern in dieser Hinsicht absolut abhängig ist von seiner Mutter, findet der Interessenkonflikt in ihr selbst

94

statt. Sie muss zwischen Schuldgefühlen, den Abhängigkeitsbedürfnissen des Babys und ihren eigenen Interessen abwägen.

In den ersten kritischen Lebensjahren ist eine gleich bleibende verlässliche Muttergestalt, zu der das Baby eine Beziehung herstellt, die es versteht und an die es gewöhnt ist, während es selbst damit beschäftigt ist, seine Reaktionen auf die Umwelt zu ordnen, mit Sicherheit das Beste. Unter dieser Maßgabe muss auch jede Form der Betreuung und des Babysittings bedacht und sorgfältig vorbereitet sein, falls dies geplant oder unumgänglich ist.

Eine gleich bleibende und verlässliche Muttergestalt ist in den ersten Lebensjahren das Beste für das Kind.

Endlich wieder raus!

Die alte Faustregel gilt für die Babyzeit besonders: Lieber das, was gerade geht, besonders gut und konzentriert tun, alle Möglichkeiten ausschöpfen und genießen als immer mit einem Auge auf das schielen, was einem gerade entgehen könnte.

Man verliert dann den Blick für das Unersetzliche und die damit verbundene Befriedigung. Die Lebenserfahrung mit dem Baby ist ein unersetzlicher Schatz für alles, was später noch kommen kann und wird. Auch wenn es nicht täglich „Wunder" sind, die es zu erleben gibt, ist es doch oft wunderbar, was es mit dem Kind zu erfahren und zu empfinden gibt.

Die Unruhe, die Mütter von vier, fünf, sechs Monate alten Babys befällt, das Gefühl, sie müssten endlich wieder „raus", korrespondiert mit dem Selbstständigkeitsstreben ihres Kindes. Bisher haben sie die ungestörte Nähe und Innigkeit genossen und nun fühlen sie sich im Stich gelassen, wenn das Baby beginnt, sich für alles Mögliche zu interessieren.

Das Gefühl, gar nichts mehr für sich selbst tun zu können, kann für Mütter sehr bedrängend werden.

Es dreht z. B. beim Trinken den Kopf weg und ist nicht mehr ausschließlich auf Körper und Gesicht der Mutter konzentriert. Es will sich nicht entgehen lassen, was drumherum noch los ist, und lässt sich nicht mehr ungestört füttern. Die Psychoanalytikerin Magret Mahler spricht davon, dass das Baby jetzt aus der Einheit mit der Mutter „ausschlüpft". Das Bild der symbiotischen Zweieinheit beschreibt sehr treffend das Gefühl aller innigster Verbundenheit mit dem Säugling – der aber nun ganz aktiv beginnt, diese enge Verbindung elastischer zu gestalten. Mütter, die über-

95

rascht sind von dem neuen Entwicklungsschub im Wahrnehmungsvermögen ihres Babys, begreifen manchmal nur schwer, was vor sich geht. Sie werden traurig und enttäuscht, so als wenn eine „wundervolle Romanze" zu Ende ginge, und mit solchen Gefühlen liegen sie auch gar nicht so falsch.

Aber wenn es auch nicht mehr ganz so verträumt zugeht, braucht das nach Selbstständigkeit strebende Baby doch die volle Zuwendung und zärtliche Verbundenheit gerade mit seiner Mutter.

Seine ersten Erkundungen der Umwelt kann es ja nur von ihrem Schoß oder Arm aus machen – und vor allem sollte jetzt, wenn er bisher zurückhaltend war, der Vater in Aktion treten und seinem Baby die Welt zeigen.

Da Männer meist unter großem beruflichem Druck stehen, fällt es ihnen oft schwer, sich (innerlich und äußerlich) frei zu machen und auf die Familie und das Kommunikationsniveau eines Babys einzulassen. Wenn Frauen dafür sorgen können, einen Raum für väterliche Aktivitäten zu schaffen, fällt es Männern leichter, sich als Väter gebraucht zu fühlen.

Die Motorik kommt in Gang: Greifen, Sitzen und Fortbewegen

Wenn das Baby auf seinen fünften, sechsten Monat zusteuert, sind motorische und kognitive Lernprozesse untrennbar miteinander verwoben. Die Babys dieses Alters wollen sich bewegen, alle Dinge berühren, danach greifen, in den Mund nehmen, betrachten. Das Erkunden ihrer Hände und der nächsten Umwelt ist ein wichtiger Bestandteil ihrer frühen geistigen Entwicklung.

Fünf bis sechs Monate alte Babys wollen sich bewegen und Dinge berühren.

Immer in den Mund

Manche Babys können sich jetzt bis zu 30 Minuten ganz mit sich selbst beschäftigen, wenn sie sich in einer gemütlichen Lage oder Position befinden. Sie beobachten ihre Hände, heben sie hoch, machen Fingerspiele und beäugen jede Hand, führen die Hände zusammen und betasten sie. Sie können abwechselnd nach einem Gegenstand grabschen oder pat-

96

schen und von hier aus entwickelt sich später das Bewusstsein zweier getrennter Körperhälften, was für das Erkennen räumlicher Beziehungen von Bedeutung ist. Ein Spielzeug, das man dem Baby hinhält, ergreift es mit den Handinnenflächen beider Hände (beidhändiges Greifen), bewegt es und führt es unweigerlich zum Mund. Es will den Gegenstand kennen lernen – nicht so sehr mit den Augen, sondern mit der Zunge, den Lippen, den Händen. Seine Methode, so viel wie möglich über den Gegenstand zu erfahren, ist, ihn in den Mund zu nehmen, zu befühlen und zu betasten. Es kann Gegenstände, die es ausführlich mit dem Mund erkundet hat, später mit den Augen wieder erkennen.

Bald kann es Gegenstände von einer Hand in die andere nehmen und gezielt zugreifen. Innerhalb weniger Monate entfaltet es dann seine Greiffähigkeit mit den verschiedenen Zwischenstadien.

Nach dem sechsten Monat tritt verstärkt das Hantieren mit Gegenständen hinzu. Das Spielzeug wird ergriffen, hin und her bewegt, auf die Unterlage geschlagen oder gerieben und vielleicht – plumps – zu Boden befördert. Das ist kein unsinniges Tun, weil das Baby noch nicht weiß, wie man richtig spielt, sondern es gewinnt mit seinem Verhalten vielmehr wichtige Informationen über den Gegenstand.

Bis zum achten Monat ist das orale Erforschen das dominierende Erkundungsverhalten.

Begreifen

Durch das Be-Greifen, Hinundherbewegen, Schlagen, Reiben, Werfen lernt das Baby, dass Gegenstände unterschiedliche Gewichte und Formen haben, sich unter Krafteinwirkung unterschiedlich stark verändern und unterschiedliche Geräusche hervorrufen.

In diesem Stadium der Entwicklung werden meist beide Hände gleichmäßig stark gebraucht. Bei einhändigem Greifen macht die andere Hand die Greifbewegung abgeschwächt mit oder fungiert als Hilfshand. Die einzelnen Finger haben noch keine spezialisierte Aufgabe.

Mit einem halben Jahr kann das Baby auf dem Rücken liegend diagonal über seinen Körper hinweg nach einem Gegenstand greifen. Es fasst z.B. mit der linken Hand nach einem Spielzeug, das ihm von rechts gereicht wird. Das einhändige Greifen ermöglicht einen erweiterten Umgang mit

Das einhändige Greifen ermöglicht einen erweiterten Umgang mit Spielsachen.

Spielsachen. Es können zwei Gegenstände ergriffen, untersucht und verglichen werden. Oder ein Gegenstand kann von einer in die andere Hand gegeben werden.

All diese Manipulationen und Erfahrungen sind unersetzbare Entwicklungsschritte des Begreifens. Das Abspreizen des Daumens und das Einklemmen des Gegenstandes zwischen Zeigefinger und Daumen – der Scherengriff – sind die Vorstufe zum „Pinzettengriff", der am Ende des 1. Lebensjahres dann mit dem auffälligen und witzigen Aufklauben von kleinen Teilchen und Krümelchen eingeübt wird.

Turnübungen

Auch sonst tut sich nun viel: Das Baby, das bis jetzt liegen blieb, wo man es hinlegte, will seine Lage selbstständig verändern. Es liegt jetzt nicht nur auf dem Rücken zum Spielen, sondern sollte auch in der Bauchlage sein Gleichgewicht ausprobieren und auf die Unterarme gestützt in die Welt gucken oder Arme und Beine anheben und „schwimmen". Ungefähr mit einem halben Jahr machen viele Babys Stemmübungen. Wieder in der Rückenlage, werden Arme und Beine betastet und ergriffen.

Nun wird ausgiebig mit den Fußzehen gespielt.

Manche versuchen sich zu rollen oder zu drehen, erst in die Seitenlage, dann von der Rücken- in die Bauchlage und umgekehrt. Den meisten Babys gelingt es mit sechs, sieben Monaten sich vom Rücken auf den Bauch zu drehen und etwas später vom Bauch auf den Rücken. In der Rückenlage spielen sie nun mit wachsender Begeisterung ausgiebig mit ihren Füßen und stecken die Fußzehen in den Mund.

Einigen Babys gefällt das Kreisrutschen auf dem Bauch und sie rudern mit Armen und Beinen im Kreis herum, um an einen Gegenstand zu kommen. Manche Babys halten nichts von all dieser Turnerei und bleiben brav auf der Wickelkommode liegen. Sicher ist das alles aber in diesem Alter nicht mehr und man muss sie immer gut im Blick behalten.

Die Möglichkeit, sich aufzurichten, genießt jedes Baby und sein Kampf gegen die Schwerkraft beginnt jetzt mit viel Energie. Wenn man ein fünf Monate altes Baby zum Sitzen hochzieht, strengt es sich ungeheuer an, um mitzuhelfen, sich aus eigener Kraft aufzurichten. Manchmal lässt es sich auch schon auf die starren Beinchen ziehen und scheint sich für einen kurzen Moment großartig zu fühlen. Manche Babys hören sogar auf zu weinen, wenn man sie auf die Füße stellt – die aufrechte Haltung scheint ein echtes „menschliches Bedürfnis" zu sein.

Sitzen

Es sitzt nun ungeheuer gern in Wippen und Babysesseln oder abgestützt auf dem Sofa, um im Zimmer herumzuschauen und am allgemeinen Geschehen teilzunehmen. Noch lieber will es auf dem Schoß sitzen. Die Eltern können ihm beibringen, sich selbst zum Sitzen hochzuziehen, aber üben wird das Baby selbst, wenn es so weit ist.

Oft gelingt es nun dem Kind, sich über die Bauchlage in den Kniestand zu befördern und so in den umgekehrten Schneidersitz auf den Po zu plumpsen. Die Beinstellungen, wenn es dann schließlich frei sitzt, können unterschiedlich sein, die Arme und Hände werden als Stützen benutzt, um das Gleichgewicht zu halten. Erst wenn es sicher ist, kann es die freien Hände zum Spielen benutzen. Die meisten Kinder können bis zum Ende des 9. Monats zum freien Sitzen gelangen. Das Baby sitzt dabei mit geradem Rücken, das Gewicht ist gleichmäßig auf beide Pobacken verteilt und die Beine sind leicht angewinkelt. Das Sitzen eröffnet ihm jede Menge neue Erfahrungsmöglichkeiten, denn es kann am Geschehen seiner Umgebung besser teilhaben als im Liegen. Anfangs, wenn es noch nicht frei sitzen kann, ist es mit abgestütztem Rücken doch in der Lage, zu spielen, zu hantieren, zu kommunizieren und sich selbstverständlich auch als Zuschauer zu beteiligen.

Mit viel Energie kämpft das Baby gegen die Schwerkraft und versucht sich aufzurichten.

Hochstühle mit einem festen Tischchen sind ein bevorzugter Aufenthaltsort für Babys nach dem 6. Monat. Auf dem Tisch kann es mit Spielsachen und Gegenständen hantieren, die ersten Fütterversuche mit Löffel oder Tasse finden so statt.

Das Baby will vorwärts kommen

Doch für den großen Bewegungsdrang wird das Stühlchen schnell zur Fessel. Das Baby will zur Vorwärtsbewegung vorstoßen und zu den verlockenden Gegenständen in seiner Umgebung kommen.

Nach dem Drehen versucht es mit etwa 7 Monaten zu robben und sich irgendwie auf dem Bauch vorwärts zu schieben oder zu ziehen. Erst mit den Armen, dann mit den Beinen, deren Bewegungen es mehr und mehr aufeinander abstimmt, bis eine Überkreuzbewegung entstanden ist. Diese Überkreuzbewegung, die ihm dann auch das Vorwärtskommen bei Kriechen und Krabbeln auf Händen und Knien ermöglicht, ist ein wichtiger Bewegungsmodus. Das Überschreiten der Körpermittellinie durch das alternierende Überkreuzen übt und stärkt das Zusammenspiel der beiden Körperhälften.

Die Bauchlage ist eine günstige Ausgangsposition für alle diese Bewegungen, die für seine Entwicklung förderlich sind. Deshalb kann es durchaus richtig sein, das Baby hin und wieder in diese Position zu legen. Es gibt aber einige Kinder, die auch in diesem Alter die Bauchlage verabscheuen und jämmerlich wie ein Fisch im Trockenen nichts damit anfangen mögen. Dann sollte man das lieber lassen. Es gibt genug andere Möglichkeiten zu „turnen", bis es so weit ist. Motorische Entwicklung lässt sich nicht erzwingen.

Es gibt auch Kinder, die die Bauchlage verabscheuen. Man sollte sie nicht dazu zwingen.

Wenn das Kind zu kriechen beginnt, werden viele Dinge in der Wohnung erreichbar. Babys müssen sich bewegen und Dinge berühren, in den Mund nehmen und betrachten. Ein solches Erkunden der Umwelt ist ein wichtiger Bestandteil ihrer frühen geistigen Entwicklung. Eltern müssen diesem Bewegungs- und Erkundungsdrang einen angemessen großen Spielraum einräumen, damit ihr Baby dazu möglichst viele Gelegenheiten hat.

Es liegt auf der Hand, dass je nach Temperament des Kindes die Wohnung ihrem kleinen Mitbewohner entsprechend gestaltet sein muss und gefährliche oder gefährdete Dinge nicht in seine Reichweite gehören. Ein „Nein" oder andere Abschreckungsmethoden führen in diesem Alter noch nicht zu irgendeiner Einsicht. Auch „Laufställchen" und Absperrgitter sind bedenklich und höchstens im Notfall hilfreich. Es ist selbstverständlich, dass das spielende Baby nicht allein in ein geschlossenes Zimmer gehört. Längere Zeit allein ohne Kontakt zur Mutter oder Betreuungsperson zu spielen überfordert ein Baby dieses Alters. Viele seiner Übungen kann es ja nur mit ihrer „Assistenz" machen. Es möchte umfangen von ihren Händen auf dem Schoß stehen und von dort aus in die Umgebung streben und greifen. Die Übungen, die das Kind täglich von sich aus vollführt, kann man mit ihm wiederholen und ausbauen.

Man kann das Baby um sich selbst kullern lassen, die ersten Ansätze von Robben verstärken, indem man es lockt und heranzieht, es aus der Rückenlage vorsichtig zum Sitzen hochzieht, sooft es das mag, oder es bei Sitz- und Stehversuchen mit stützenden Händen halten. Bei allen Möglichkeiten, dem Kind bei seiner Arbeit zu assistieren, sollte man sich von ihm selbst inspirieren lassen, lachen und Spaß mit ihm haben und keinesfalls zu viel an später denken und „Entwicklungsförderung" betreiben. Die gerade erlebten Augenblicke der Freude und das Gefühl des Zusammenklangs sind viel wichtiger. Etwas selbst zu schaffen macht das Baby stolz. Auch kleine Fehlschläge können es beim Lernen beflügeln.

Der Spaß am gemeinsamen Spiel beflügelt Eltern und Baby.

Entspannt spielen

Beim Spielen geht man am besten auf das Niveau des Kindes und hockt oder legt sich zu ihm auf den Boden. Das begehrteste Spielzeug in dieser Zeit sind sowieso (neben dem eigenen Körper) die Körper der Eltern. Auf dem Erwachsenenkörper kann Baby liegen, schaukeln, ihn betatschen, drücken, greifen, ziehen, bohren, später ist er ein hervorragender Kletterberg oder eine gute Basis, von der aus es andere interessante Dinge zu erreichen gibt. Man kann gemeinsam pusten, singen, erzählen, Musik hören, „Hoppe-Reiter" spielen und sich in den verschiedensten Positionen miteinander beschäftigen.

Manchmal entwickeln Babys auch eine Vorliebe für bestimmte Gegenstände oder Spielzeuge, wobei Gegenstände aus der Erwachsenenwelt oft größere Faszination ausüben als Sachen, die speziell zum Spielen gedacht sind. Dagegen ist nichts einzuwenden, denn Gegenstände, die Erwachsene mit ihren Händen gebrauchen und manipulieren, sind für den kleinen unermüdlichen Beobachter faszinierend. Ein Kind will „Arbeitsgegenstände", es will schon – gerade mal ein halbes Jahr alt – alles machen, was die Erwachsenen machen und es interessiert sich für Spielzeug oft nur dann, wenn auch die Erwachsenen sich damit beschäftigen. Leider neigen Erwachsene dazu, viel mehr Dinge vor dem Baby in Sicherheit zu bringen, als eigentlich nötig wäre.

Wenn man Kindern von Anfang an in einem vernünftigen Ausmaß die Dinge des Alltags und der Umgebung zugänglich macht, werden sie lernen, pfleglich damit umzugehen, und später weniger „anrichten", wenn sie doch in einem unbeaufsichtigten Moment an verbotene Dinge herankommen.

Selbstverständlich gibt es im Babyleben Tabu-Gegenstände wie Zigaretten, Medikamente, Chemikalien, kochende Flüssigkeiten, spitze, scharfe, heiße Gegenstände und was es dergleichen mehr gibt. Solche Sachen gehören unter Aufsicht, Verschluss oder außer Reichweite.

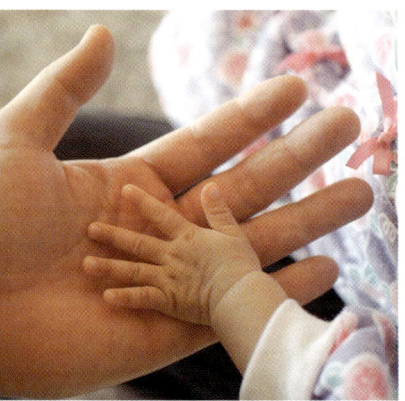

Weder durch Druck noch durch Zwang lässt sich die motorische Entwicklung günstig beeinflussen.

Übersicht und etwas Vorstellungsvermögen sind eine gute Prophylaxe, aber Panik oder Dauersorgen wegen Hygiene und Verletzungsgefahren, eine durch und durch „kindersichere" Wohnung sind Unsinn und in einem normalen Alltagsleben überflüssig.

Ihr Baby hat Charakter!

Im zweiten Halbjahr, in dem Babys schon beginnen einiges „zu können", wird das Entwicklungstempo immer individueller und Charakterunterschiede werden deutlicher. Die Reihenfolge der Entwicklungsschritte gleicht sich. Aber sowohl die Qualität als auch der Zeitpunkt einer Entwicklungsstufe unterscheiden sich. Wichtig ist, dass Eltern das individuelle Entwicklungsalter ihres Kindes im Auge behalten.

Leider vergleichen Eltern ihr Baby zu oft mit anderen Kindern, statt sich auf das zu konzentrieren, was ihr Baby kann.

Das Entwicklungstempo ist unterschiedlich. Eltern sollten sich auf das konzentrieren, was ihr eigenes Baby schon kann.

Zwar ist die motorische Entwicklung überwiegend ein Reifungsprozess, der nach inneren Gesetzmäßigkeiten abläuft. Es hat aber keinen Sinn, eine Norm festlegen zu wollen, wann ein Baby etwas können sollte. Die Variationsbreite ist sehr groß und Eltern können die Ausreifung motorischer Funktionen bei ihrem Kind nicht (oder nur wenig) beeinflussen.

Ob ein Kind schon mit 10 Monaten die ersten Schritte macht oder Monate später, hängt im Wesentlichen davon ab, wie rasch diese Funktion ausreift. Auch forciertes Üben vermag diesen Reifungsprozess nicht zu beschleunigen.

Neuere Studien der motorischen Entwicklung bei Kindern (Remo Largo) zeigen, dass die frühen Fortbewegungsarten durchaus vielfältig sind. Es gibt Kinder, die das Robben und Kriechen auslassen. Andere bewegen sich überhaupt nie auf allen vieren fort, sondern ziehen sich z. B. aus der Bauchlage auf und gehen. Andere, die weder robben noch kriechen oder krabbeln, setzen sich auf den Hosenboden und rutschen. Es gibt also eine Vielzahl von Bewegungsmustern, die schließlich zum Aufrichten führen.

Ganz allgemein gilt immer wieder: Die Entwicklungstemperamente sind unterschiedlich. Es gibt die kleinen „Gucker", die „Zappler", die emsigen „Krabbler", die versonnenen „Forscher" und freundlichen „Zuschauer" und andere kleine „Typen" und Schwerpunkte in der frühkindlichen Entwicklung. Jeder dieser kleinen Charaktere reift am besten in einem Klima liebevoller Bejahung und aufmerksamer Unterstützung seiner Persönlichkeit.

Die Motorik ist nicht das ganze Kind, in aller Stille reifen im ersten Jahr auch Sprache, Denken und das Sozialverhalten heran.

Das gesteigerte Wahrnehmungsvermögen, seine wachsende Neugier und die beginnende Fortbewegung, die vielen neuen Eindrücke aus seiner Umgebung bringen in der zweiten Hälfte auch eine neue Verunsicherung mit sich, nämlich das Fremdeln.

Während das jüngere Baby sich noch unbefangen Fremden gegenüber verhält und sich auch von nicht sehr vertrauten Personen gerne halten lässt, ist es jetzt nicht mehr so zutraulich. Fremde konfrontieren das Baby mit zu vielen unvertrauten Reizen. Es kann auch noch nicht so viel Wahrgenommenes auf einmal bewältigen. Sein gesteigertes Wahrnehmungsvermögen führt auch dazu, dass es von jetzt an heftiger gegen Trennungen protestiert. Kleinste Veränderungen in Beziehungen können es jetzt aus der Fassung bringen, es reagiert empfindlich auf Ungewöhnliches und scheint auf die kontinuierliche Anwesenheit seiner Eltern nach wie vor unausweichlich angewiesen zu sein.

Fremde und unvertraute Reize können das Baby in diesem Alter aus dem Gleichgewicht bringen.

Diese auftauchende Empfindlichkeit und Irritierbarkeit durch das erweiterte Empfindungs- und Wahrnehmungsvermögen balancieren sich im-

103

mer wieder aus und werden erst um den 8. Monat herum zu einem ausgeprägten Aspekt von Babys Selbstempfinden.

Vom Füttern zum Essen – Ernährungsumstellung

Während des ersten Lebenshalbjahres wird der Säugling – wie der Name
schon sagt – nahezu ausschließlich von Milch ernährt, die er durch Saugen zu sich nimmt. Diese Ernährungsform reicht nun nicht mehr aus. Die
meisten Babys brauchen ungefähr ab diesem Alter eine Ergänzung zur
Milch. Verdauung, Stoffwechsel und Organe sind so weit entwickelt, dass
neue und festere Nahrungsmittel aufgenommen und verdaut werden können. Für das eigentliche Schlucken, das ja eine willkürliche Handlung ist,
ist es jetzt gerüstet. Seine Mundmotorik ist so weit herangereift, dass es
feste Nahrung nicht mehr mit der Zunge nach draußen befördert.

Aber nicht nur rein physiologisch, auch von seiner sonstigen Entwicklung her ist das Baby jetzt experimentierfreudiger und will beim Essen
mitmachen, nach dem Essen greifen und sich bewusster etwas einverleiben. Wenn es bisher ausschließlich gestillt wurde, wird ihm das passive
Saugen nun rasch langweilig. Es dreht den Kopf von der Brust weg und
interessiert sich mehr für die Umgebung. Das Flaschenkind möchte seine
Flasche selbst halten.

*Für stillende Mütter ist
der Abschied aus der
Zweisamkeit oft schwer.*

Für stillende Mütter ist der Abschied aus der Zweisamkeit und Bezogenheit oft schwer, denn nun wird das Band intensiver körperlicher Abhängigkeit unwiderruflich zerrissen. Gefühle neugewonnener Unabhängigkeit und trauriger Niedergeschlagenheit können einander abwechseln –
und auch das Baby ist hin- und hergerissen zwischen seinem Hunger und
dem gesteigerten Interesse an der Umgebung. Eine langsame Umstellung
bzw. Erweiterung der Ernährung bietet sowohl der Mutter als auch dem
Baby die Gelegenheit, sich ganz allmählich neu anzupassen.

Brei und Löffel

Die ersten Breimahlzeiten dienen dazu, das Baby mit dem Löffel, dem
neuen Geschmack, der veränderten Konsistenz und den neuen Empfin-

dungen im Mund vertraut zu machen. Es ist eine große Umstellung, feste Nahrung mit dem Löffel in den Mund zu bekommen. Dass es dazu bereit ist, zeigt das Baby mit seinem Verhalten: es sitzt da und sperrt erwartungsvoll den Mund auf. Ist die erste Portion im Mund gelandet, stoßen, sabbern und prusten die meisten Babys erst einmal einen großen Teil aus. Das tun sie aber nicht, weil es nicht schmeckt oder weil sie nicht mitmachen wollen. Das Baby hat vielmehr Mühe damit, dass es nicht mehr wie gewohnt saugen, sondern schlucken soll. Zu diesem neuen Entwicklungsschritt braucht es etwas Zeit; es ist deshalb gut, sich darauf schon einmal einzustellen, dass das Breiabenteuer kleckerig und zeitaufwendig wird. Da das Baby sich mit der festen Nahrung schwer tut, sollte man weniger darauf achten, wie viel es davon isst, sondern sich klarmachen, dass es das Schlucken zunächst einmal üben muss. Die Aufgabe der Mutter besteht darin, ihm das Schritt für Schritt beizubringen.

Die erste Breifütterung findet wahrscheinlich auf dem Schoß statt. Aber wie auch immer, das Baby „sitzt" so aufrecht wie möglich und gut abgestützt. Es wird nach der Hand, die es füttert, greifen, denn es will mithelfen und mit ihr zusammen den Löffel zum Mund bringen. Es schiebt sein Fäustchen in den Mund, um zu fühlen, was da gelandet ist. Oder es will die Finger zu Hilfe nehmen, um das Essen hinunterzusaugen.

Um den vierten Lebensmonat herum kann man beginnen, das Kind mit dem Löffel zu füttern.

105

Das Baby will mit den Fingern bei der Fütterung mithelfen. Man sollte es gewähren lassen.

Das Baby lernt jetzt greifen und greift natürlich auch nach dem Essen. Die Hände gehören einfach in diesem Alter zu jeder Aktivität und zu jeder neuen Erfahrung dazu, sodass man ihre Bewegungsfreiheit auf keinen Fall einschränken sollte. Sie unter einem großen Tuch oder Lätzchen verschwinden zu lassen oder festzuhalten ist eine völlig unangebrachte Erziehungsmethode. Es stellt eigentlich kein größeres Problem dar, das Füttern unter Bedingungen stattfinden zu lassen, bei denen Kleckern, Sabbern, Spritzen einfach erst einmal dazugehören. Jetzt jedenfalls darf der Übungs- und Forscherdrang des Kindes auch beim Essen nicht unterbunden werden – auch wenn hinterher alles klebt.

Ess-Stress?

Jedes neue Nahrungsmittel sollte langsam und im Abstand von einigen Tagen eingeführt werden; so hat man die Möglichkeit zu überprüfen, ob es auch vertragen wird. Dass Füttern und Trinken nun komplizierter werden, verunsichert viele Eltern, zumal sie jetzt nicht mehr genau kontrollieren können, wie viel letztlich im Babybauch gelandet ist. Brav trinkende und essende Kinder bestätigen Eltern in ihrem Bedürfnis, gut für das Kind zu sorgen. Ein Kind, das schlecht trinkt, dauernd umherschaut und mit dem Essen herummanscht, löst aggressive Gefühle und Befürchtungen aus: Machen wir etwas falsch? Bekommt das Kind genug, um gesund zu bleiben?

Wenn der Mutter klar ist, warum die Aufmerksamkeit dauernd abschweift und warum es nicht trinken und essen will, sondern viele neue Erfahrungen damit verbindet, muss sie nicht denken, es komme zu kurz oder sie würde ihre Sache nicht gut machen. Gestört wird das Baby höchstens, wenn es sich während der Mahlzeiten nicht wohl fühlt und zu viel Spannung aufkommt. Spielen und Kommunizieren sind genauso wichtig wie die Nahrungsaufnahme.

Experiment Essen

Wenn das Baby erst einmal im Hochstuhl sitzen kann und einen eigenen kleinen Tisch vor sich hat, verändert sich auch die Fütterungssituation, der Ablauf von Essen und Kommunizieren. Das Bemühen um Selbstständigkeit wird noch vielfältiger, es will für seine Bedürfnisse selber sorgen und wirklich alles untersuchen, dessen es habhaft werden kann. Sein Tischchen wird zum Experimentierfeld. Die neuen motorischen Fähigkeiten, das Sitzen, die ersten Fortbewegungsversuche in seine Umgebung und das differenzierte Greifen sind Meilensteine seiner Entwicklung und wirken sich auf sämtliche Aspekte seines Lebens aus. Deshalb geht es jetzt auch beim Essen ganz anders zu. Es ist wichtig, nun seine Fähigkeiten einzubeziehen, damit es das Gefühl größerer Eigenständigkeit aufrechterhalten kann. Es ist ja ganz begeistert davon, mitzumachen und mit all dem, womit Mama hantiert, auch zu hantieren – Löffel, Becher, Flasche, Essen.

Alles, was ihm das Gefühl größerer Eigenständigkeit gibt, hilft, Situationen zu entspannen und Schwierigkeiten aus dem Weg zu gehen. Auch wenn das Kind nach Ansicht der Eltern mit der Tasse, dem Löffel, den Brotstückchen „nur" herumspielt, müssen sie jetzt Verständnis dafür aufbringen, denn der „Wissensdurst" ist jetzt ebenso groß oder sogar größer als der Hunger. Es lohnt sich nicht, mit Druck zu beginnen, daraus können später zähe Kämpfe entstehen. Besser ist es, das Kind geht seiner Neugier nach, lernt, was es lernen will, und kehrt dann mit seiner Aufmerksamkeit und mit Appetit zum Essen zurück.

Wovor man allerdings warnen muss, ist, das Baby zu überlisten oder während des Essens zu sehr mit Spielsachen vom eigentlichen Zusammenhang des Essens abzulenken. Also z.B. völlig fremde Reize (Fernseher!) in der Esssituation zu benutzen, um das Baby zu überraschen oder abzulenken, um ihm in diesen Momenten den Löffel in den Mund zu schieben. Diese „Siege" über den Kooperationswillen des Babys haben dann mehr mit Ohnmacht und Überwältigung zu tun. Sie koppeln unbewusst das Essen und Essverhalten mit Bedingungen, deren Einfluss und Folgen keine günstigen Prognosen haben.

Ohne Zwang genießen

Der Speiseplan eines Babys muss nicht „ausgewogen" sein, einige Löffel Breinahrung als Ergänzung zur Milch reichen jetzt noch aus. Und weil das Baby ja daran interessiert ist, Essensbrocken mit der Hand aufzunehmen oder seine neuen Greifmöglichkeiten wie den Pinzettengriff zu üben, kann man dieses Interesse nützen, indem man das Baby sich selbst füt-

Beim Essen wird vom Kind alles untersucht, was es zu fassen bekommt.

Man muss sich darauf gefasst machen, dass immer nur ein Teil des Essens auch wirklich im Magen des Kindes landet.

tern lässt. Wenn es die Bissen entweder gegessen oder aber untersucht, befingert, zerdrückt oder fallen gelassen hat, kann man den nächsten vorlegen. Man sollte sich immer darauf gefasst machen, dass nur ein Teil davon im Magen landet.

Ganz schade ist es, wenn Mütter von dem Drang getrieben sind, ihre Babys rasch abzufüttern, sodass ihnen entgeht, wie wichtig deren Bedürfnis ist, die Nahrung gründlich zu untersuchen. Wenn das Baby die Essensstücke betrachten, betasten, hin und her drehen und kosten darf, dann können die Mahlzeiten zu den befriedigenden Höhepunkten seines Tages werden.

Esskultur

Ziel ist es, das Baby Schritt für Schritt in die gemeinsamen Familienereignisse miteinzubeziehen. Das Baby genießt es zu dieser Zeit sehr, gemeinsam am Tisch zu sitzen und mit den Eltern oder auch Geschwistern mitzumachen.

Von nun an wird es alles kennen lernen, was am gemeinsamen Tisch passiert und das, was man später einmal Tischmanieren und höfliches Verhalten nennen wird, entsteht hier im Miteinander, nicht so sehr durch gezielte Erziehung oder gar Dressur. Bald versucht es nachzuahmen, wie man etwas in der Hand hält, den Becher zum Mund führt, das Besteck benutzt, sich unterhält usw. – es braucht nicht zum Essen erzogen zu werden. Je größer es wird, desto mehr braucht ein Kind Vorbilder, die es nachahmen kann. Es eignet sich dann die notwendigen Fertigkeiten am Familientisch an, wenn es einbezogen wird und zuschauen kann.

Die Eltern tragen zu den verschiedenen Lernprozessen am meisten bei, wenn sie sich für die Mahlzeiten ausreichend Zeit nehmen und im Übrigen die Esssituation so gestalten, dass das Baby eine gewisse „Wirkungsfreiheit" mit seiner Art des Essens hat.

Gerade beim Essen braucht das Kind ein Gefühl von Eigenständigkeit.

Halten wir neben all dem eines fest: Noch ist das Baby auch ein Säugling, der es genießt, im Arm gehalten zu werden und sein Fläschchen oder die Brust zu bekommen. Neben den vielen neuen Erfahrungen möchte er auch immer wieder an die guten gemeinsamen Erfahrungen anknüpfen.

Er muss noch eine ganze Weile das enge körperliche Band zu seiner Mutter erhalten, um sicher voranschreiten zu können.

Zum Glück haben es Babys dann auch wiederum nicht so eilig, wirklich selbstständig zu werden, sondern zeigen, wie angenehm es sein kann, beim Füttern auch abhängig sein zu dürfen. Die intime Atmosphäre, in der die Mutter der gebende, das Baby der empfangende Partner ist, bleibt eine kostbare Erfahrung, die ausreichend lange und „sättigend" wiederkehren sollte, denn sie ist wie das Grundthema für alles spätere Geben und Nehmen.

Arzttermin: Der Arzt als Begleiter

Das Baby hat wichtige Arzttermine im Laufe des 1. Lebensjahres, auch wenn es nicht krank ist. Es ist von Vorteil für die Entwicklung des Kindes, wenn ein Kinderarzt in der Nähe ist, dem die Eltern vertrauen. Eine entspannte Situation bei den Routineuntersuchungen und genug Raum für Fragen machen diesen wichtigen Termin für Kind und Mutter zu einer gelungenen Erfahrung.

Bei einem Kinderarztbesuch sollte auch ausreichend Zeit für ein Gespräch zwischen Arzt und Eltern sein.

Dringend gesucht: Ein Arzt, der zuhören kann!

Im ersten Lebensjahr gibt es mehrere Untersuchungen, bei denen der Kinderarzt überprüft, ob das Baby gesund ist und sich normal entwickelt. Es ist wichtig, bei diesen Gelegenheiten mit dem Arzt ins Gespräch zu kommen und Fragen zu stellen. Eine Atmosphäre, die einschüchtert, in der man sich nicht ernst genommen fühlt, abgefertigt wird, tut weder dem Kind noch den Eltern gut. Man sollte sich dann nach einem anderen Arzt umsehen.

Es ist durchaus sinnvoll, sich die Erfahrungen anderer Eltern anzuhören, um einen Arzt zu finden, mit dem man zusammenpasst. Gerade in den ersten Monaten und Jahren geht es um mehr als nur darum, Symptome abzuklären und zu behandeln – es geht um die Entwicklung des Kindes und über die muss man mit seinem Kinderarzt sprechen können.

Da die ärztliche Ausbildung auf einem rein medizinischen Denkmodell beruht, bei dem körperliche Krankheiten und Behandlungstechniken im

Das seelische Gleichgewicht des Kindes sollte mit dem Arzt ebenso besprochen werden wie die körperliche Entwicklung.

Vordergrund stehen, kommt genau dieses Anliegen häufig zu kurz. Die Entwicklung des Kindes, sein seelisches Gleichgewicht, die Sorgen der Eltern sind zwar ebenso wichtig wie die körperliche Verfassung des Babys, gehen aber nur allzu oft in der medizinischen Routine und Betriebsamkeit unter. Viele Mütter berichten, dass sie sich in diesen Abläufen eingeschüchtert, gar dumm und unfähig fühlen.

Folgende Gesichtspunkte sollten Sie bei der Arztwahl beachten: Es nützt dem Baby gar nichts, wenn Sie den Arzttermin „durchstehen". Suchen Sie sich einen Arzt, der viel Erfahrung hat, der sich für seine Weiterbildung interessiert und der zeigt, dass er zu dem Kind und Ihnen ein gutes Verhältnis aufbauen möchte. Das zeigt sich sowohl in dem behutsamen, gleichwohl kompetenten Umgang mit dem Kind als auch im respektvollen Interesse an Ihren Fragen und Anliegen. Ein freundliches vertrauensvolles Verhältnis schließt Offenheit im Umgang mit Informationen ein und die Bereitschaft des Arztes, über seine Eindrücke und Diagnosen zu sprechen. Er wird das Für und Wider von Maßnahmen darstellen und wenn nötig einen guten Rat geben oder wohltuend vermitteln, dass man auf dem richtigen Weg ist. So können Sie die Arztpraxis mit dem Gefühl verlassen: „Mein Baby und ich, wir machen es gut miteinander und haben einen kompetenten Begleiter."

Die Vorsorgeuntersuchungen

Im Laufe des 1. Lebensjahres gibt es 6 Untersuchungen (U1 bis U6), bei denen der Arzt in der Regel überprüft, ob die Entwicklung des Babys altersgerecht verläuft.

Die wichtigsten Untersuchungen sind die Kontrollen der neurologischen Entwicklung.

Die sechs (von insgesamt neun) Untersuchungen im 1. Lebensjahr dienen der Früherkennung von Entwicklungsstörungen und sollten mit großer Sorgfalt durchgeführt werden. Sie helfen den Eltern, ihr Kind noch besser zu verstehen und ihm dort Unterstützung zu geben, wo es sie braucht. Die wichtigsten Untersuchungen während der ersten Lebensjahre sind die Kontrollen der neurologischen Entwicklung. Der Arzt schaut, ob das Zusammenspiel von Gehirn, Nerven, der Sinnesorgane und Muskeln in Ordnung ist. Die Vorsorgetermine im 1. Lebensjahr finden zu festen Zeitpunkten statt: U1 gleich nach der Geburt, U2 wenn das Kind 3 bis 10 Tage alt ist, U3 um die vierte bis sechste Lebenswoche.

Die U3, nachdem das Kind in der Regel schon über einen Monat zu Hause versorgt wurde, ist meist der 1. Termin bei dem niedergelassenen Kinderarzt Ihrer Wahl. Er lernt das Baby und Sie kennen. Der Arzt möchte sich ein Bild von der Entwicklung machen und fragt auch nach Beobachtungen und Erfahrungen: Wie geht es mit dem Trinken und Schlafen? Gibt es Auffälligkeiten im Verhalten, beim Schreien? Die Entwicklung des Babys verläuft in der Regel in einer „vorprogrammierten" Reihenfolge, d.h., zu bestimmten Zeiten sollte es bestimmte Dinge können. Das sind Anhaltspunkte, denn wie schon beschrieben, gibt es große persönliche Variationsbreiten und auch das Überspringen von Stufen ist möglich.

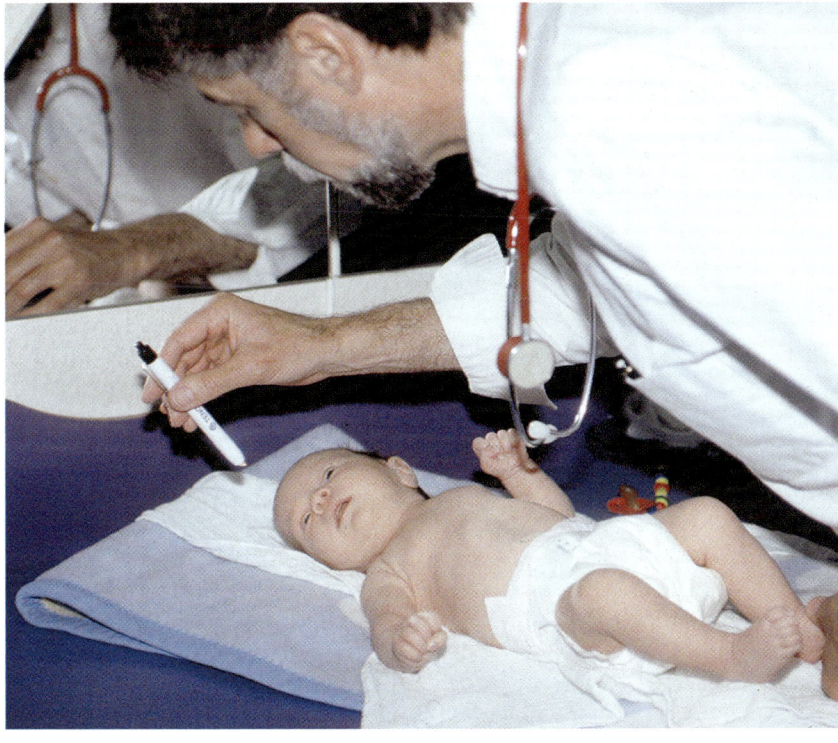

Bei der U3 testet der Arzt unter Anderem die Körperreaktionen des Babys.

Wenn das Kind drei Monate alt ist, gehen Sie zur U4. Jetzt wird schon deutlich, wie gut das Baby gedeiht. Neben seinem Trink- und Schlafverhalten haben sich die Anfänge seines persönlichen Sozialverhaltens und der Sinneswahrnehmungen entwickelt und Auffälligkeiten in der Motorik können schon jetzt zum Ausdruck kommen. Auffällig ist nun, wenn es seine Händchen immer noch ständig zur Faust ballt, wenn es

111

Es ist wichtig, alle empfohlenen Vorsorge-untersuchungen wahrzu-nehmen.

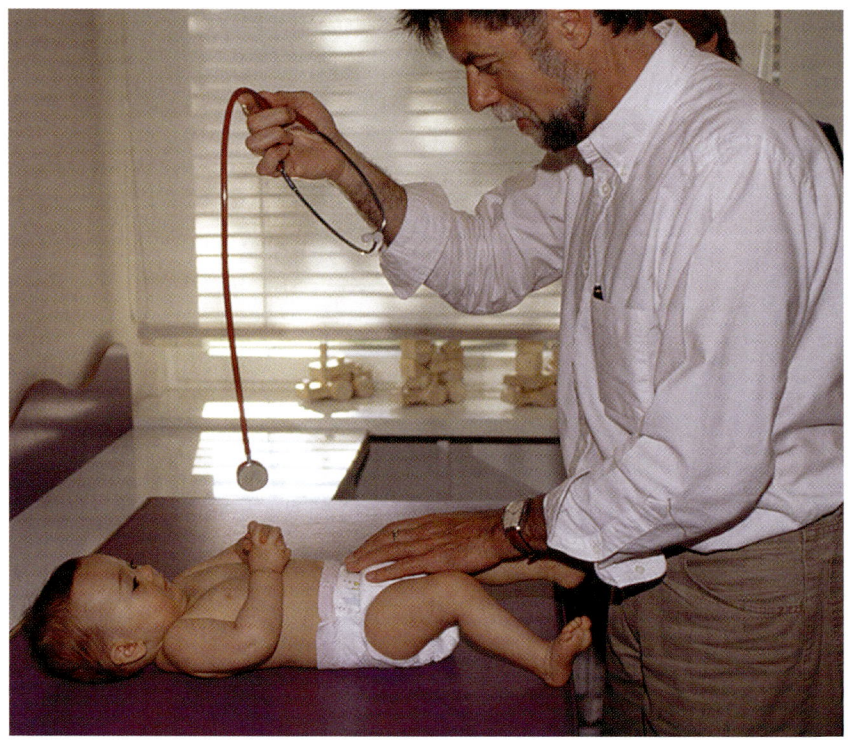

Objekte/Spielzeuge noch nicht mit den Augen fixiert und keinen Blick-kontakt aufnimmt oder wenn es am Ende des dritten Monats nicht mit suchenden Kopfbewegungen auf ein Geräusch reagiert.

Zwischen der U4 und der U5 mit sechs Monaten hat sich dann schon enorm viel getan. Im Vordergrund stehen nun bei der ärztlichen Untersu-chung die Sinnesorgane: Kann es Dinge mit den Augen fixieren, ist die Hörfähigkeit in Ordnung? Auch seine motorischen und kognitiven Fort-schritte kann der Arzt in Erfahrung bringen. Zeigt es Interesse für Ge-genstände, ist es im Rahmen seiner Möglichkeiten aktiv? Auffällig zu die-sem Zeitpunkt wäre z. B., wenn das Baby noch nicht mit Gegenständen hantiert oder wenn es in den nächsten Wochen keine Anstalten macht. sich zu drehen.

Vorbehalte gegen bestimmte Impfungen sollten mit dem Arzt genau besprochen werden.

Die erste Impfung findet normalerweise nach der U4 statt. Eventuelle Einwände oder Befürchtungen prinzipieller Art sollte man schon jetzt mit dem Arzt abklären. Vorbehalte gegen bestimmte Impfungen wie z. B.

Keuchhusten müssen mit dem Arzt sehr genau besprochen werden. Man sollte keinesfalls völlig gegen die eigene Auffassung handeln, aber vage Bedenken durch gründliche Informationen ersetzen und dann eine Entscheidung treffen. Gegen die meisten empfohlenen Impfungen gibt es heute keine rationalen Argumente. Ein Impfkalender, den der Arzt erstellt, gewährleistet, dass durch den richtigen Zeitpunkt der Impfung ein optimaler Schutz gegen bestimmte Infektionskrankheiten gegeben ist. Mit kranken Kindern sollte auch ein geimpftes Baby möglichst nicht zusammenkommen. Die nächste Vorsorgeuntersuchung steht dann nach dem 1. Geburtstag an. All diese Untersuchungen sind sehr wichtig. So lässt sich rechtzeitig feststellen, ob es eventuell gravierende Verzögerungen oder gar Störungen in der Entwicklung gibt. Mit dem Arzt kann man dann beraten, ob z. B. eine weiterführende Untersuchung oder eine spezielle Maßnahme angebracht ist.

Verunsichert?

Der Arzt kann aber auch Sorgen und irrtümliche Auffassungen korrigieren, wenn man sich zu sehr von Meinungen, Ansichten, Theorien verunsichern lässt. Eltern sind mit einer Flut von so genannten Ratgebern konfrontiert, die vorgeben, genaue „Anleitungen" für dieses und jenes Problem zu haben. Rezepte, die „garantiert" zum Erfolg führen (z. B. bei Schlafproblemen), sind mit Vorsicht zu genießen. In den meisten Fällen verraten sie uns nichts weiter über mögliche Hintergründe und Ursachen von Problemen, sondern wollen uns weismachen, mit bestimmten (Trainings-)Methoden könne man Schwierigkeiten in den Griff bekommen. Solche Methoden schaffen meist nur wenig dauerhafte Scheinlösungen.

Wer das untrügliche Gefühl hat, dass etwas in der Entwicklung des Babys oder in der Beziehung zu ihm nicht gut „läuft", sollte mit dem Kinderarzt darüber sprechen und sich mit seiner Unterstützung nach ausgebildeten Fachkräften umsehen.

Eine andere Quelle der Verunsicherung sind häufig Freunde und Bekannte. Zwar ist jede Mutter für ihr eigenes Baby am kompetentesten, aber nicht unbedingt für das Baby der Freundin. Mehr oder weniger gut gemeinte Tips und Fragen wie „Was, es schläft noch nicht durch?", „Also, meiner krabbelte da schon.", „Du musst viel mehr zufüttern.", „Ich habe

Gut gemeinte Tipps von anderen Eltern führen oft zu Verunsicherungen.

gehört, Herumtragen beim Einschlafen ist ganz schädlich." etc. führen zu Irritationen. Leider wird auf dieser Ebene oft sehr konkurriert. Man sollte sich nicht weiter von solchen „Bemerkungen" verunsichern lassen.

Halten Sie sich bei Unsicherheiten an Ihren Arzt, kompetente Fachkräfte, fundierte Ratgeber und vor allem: Halten Sie zu Ihrem Kind! Je mehr Sie zu ihm halten, desto günstiger ist das für seine Entwicklung. Mütter neigen untereinander manchmal dazu, zu wetteifern und in der anderen das Gefühl zu erwecken, sie sei irgendwie unzulänglich und ihr Baby nicht so fit, ein bisschen zurückgeblieben vielleicht? Lassen Sie keine so gesäten Zweifel aufkommen. Die Geschwindigkeit, mit der das Baby eine neue Entwicklungsstufe erreicht, ist nicht mit der Qualität mütterlicher Fürsorge gleichzusetzen. Zum Beispiel ist die Fähigkeit eines Babys, an wichtigen Dingen und Erfahrungen festzuhalten, sogar sich daran zu klammern, durchaus eine große Stärke.

Der Besuch einer PEKiP-Gruppe ist für Kinder wie auch für die Eltern sinnvoll.

114

Werden Sie aktiv!

Wer gerne mehr für sich und das Baby tun möchte, das Bedürfnis nach regelmäßigem Kontakt und Austausch hat, kann sich einer so genannten PEKiP-Gruppe anschließen.

Diese außerordentlich empfehlenswerten Gruppen bieten regelmäßige Meetings für Eltern mit ihren Säuglingen im ersten Lebensjahr an. In den Gruppen gibt es für Eltern und Kinder Spielanregungen und gemeinsame Gespräche unter Anleitung einer ausgebildeten Fachkraft. Die inhaltliche Konzeption ist aus dem Prager-Eltern-Kind-Programm entstanden. Aufgrund dieses pädagogischen Konzepts kann man die Entwicklung des Babys begleiten und positiv beeinflussen, ob man nun zu Hause diese Ideen aufgreift oder in einer PEKiP-Gruppe mit anderen Babys und Eltern zusammen. Die Gruppen bieten darüber hinaus noch Kontakt- und Austauschmöglichkeiten mit anderen Eltern. Die Gruppe mit ihrer Leiterin begleiten dann Eltern und Baby durch das erste Lebensjahr (s. a. Anhang).

NEUE PERSPEKTIVEN: 8.–12. MONAT

Zwischen dem siebten und neunten Monat gelangt das Baby auf ein Entwicklungsplateau, bevor es zu den großen Entwicklungsschüben um das erste Jahr herum ansetzt. Es ist eine der Phasen, die der erfahrene Kinderarzt T. B. Brazelton „Auftakte" nennt. Je nach Temperament und persönlichem Entwicklungsplan sammelt das Baby seine Erfahrungen, experimentiert mit seinen neuen Fähigkeiten und greift ebenso noch reichlich auf die Möglichkeit, „ganz kleines Baby" zu sein, zurück. Es ist beides: ein Kind, das sich schon auf seine Umwelt zubewegen, sie begreifen möchte, aber noch ganz im Rahmen der schützenden, umsorgenden Kontinuität mütterlicher Nähe.

Der Aufbau der Beziehungsfähigkeit

Neue Erfahrungen und Fähigkeiten machen das Baby auch abhängigkeitsbedürftig, so sammelt es auch wieder Energie für neue Entwicklungsschübe. Man kann sich lebhaft vorstellen, wie es zwischen dem Wunsch nach Gehalten- und Umsorgtwerden und dem Bedürfnis nach Selbstständigkeit und Vorankommen hin- und hergerissen ist.

Ambivalenz

Hier im Übergang vom Säugling zum Kind, das bald auf seinen eigenen zwei Beinen steht, zeigt sich am deutlichsten ein existenzielles Thema: die tiefe Ambivalenz von Selbstständigkeitsstreben und Abhängigkeitswünschen, die in uns allen steckt.

Im Spannungsverhältnis zwischen Abhängigkeit und Selbstständigkeit kann es zu kleinen Kämpfen kommen.

Das Spannungsverhältnis zwischen beiden begleitet uns ein Leben lang mit heftigen Ausschlägen nach der einen oder anderen Seite. Und je nach unserer eigenen Persönlichkeit werden wir auch bei unserem Kind das eine oder das andere mehr betonen und fördern wollen. Wenn wir dabei zu sehr die individuellen Bedürfnisse des Babys aus den Augen verlieren, kann es zu Unstimmigkeiten und heftigen kleinen Kämpfen kommen. Denn das Baby steht nun im wahrsten Sinne des Wortes davor, Schritte in die Welt hinein zu machen und dort wird es mit neuen Regeln und Erwartungen konfrontiert, die von außen kommen und nicht mehr nur im Schutzraum der Mutter-Vater-Kind-Beziehung entstehen.

118

Die Meilensteine zu dieser Entwicklung, die das Kind aus dem Säuglingsalter in die Welt entlassen, sind Gehen und Sprechen – darauf bereitet es sich in den nächsten Monaten mit aller Kraft vor. Dazu gehören auch die vermeintlichen Rückschritte, wenn es wieder nachts häufiger aufwacht, beim Essen streikt oder vermehrt klammert und fremdelt.

Das Kind hat bei aller Ambivalenz einen tiefen inneren Drang, selbstständig zu werden. Darauf können sich die Eltern verlassen und deshalb können sie auf Schwierigkeiten gelassen reagieren. Sie sollten sich wie bisher am aktuellen Entwicklungsstand und an den Bedürfnissen des Babys orientieren und ihm Raum für Experimente geben, d. h. mit den notwendigen Orientierungshilfen, nicht einfach sich selbst überlassen.

Im Übrigen beruht die wichtigste Form des Lernens jetzt auf der Nachahmung. Dazu braucht das Baby vielleicht noch mehr als bisher Anregungen und innigen Kontakt mit „seinen Leuten", also seiner Familie, aber auch anderen Bezugspersonen, die das Baby in ihren gegenseitigen Umgang und ihre Tätigkeiten so weit wie möglich einbeziehen.

Neue Perspektiven

Professor Stern erklärt uns faszinierende Entwicklungen aus dem Seelenlebens des Kindes, die eng mit der kognitiven Entwicklung verbunden sind. Er sagt, zwischen dem 7. und 9. Monat gelangt das Baby allmählich zu der folgenreichen Erkenntnis, dass nämlich seine eigene Erfahrung, das, was es denkt und fühlt, eine Sache ist, die es mit anderen teilt.

Wir haben gelernt, dass das Baby von Anfang an das Empfinden eines „Selbst" hat, das sich rasch zu dem so genannten „Kern-Selbst" entwickelt, der stabilen Wahrnehmung von sich als abgegrenzter, handlungsfähiger, körperlicher Einheit. Jetzt im 8., 9. Monat entwickelt das Kind eine neue Perspektive. Es beginnt nun auch Gefühle, Motive, Absichten hinter dem, was vordergründig geschieht, zu erkennen. Das ist neu. Es sieht nicht nur, was der Körper des anderen tut, es „sieht" auch seinen inneren Zustand, z. B. seine Absichten und Gefühle, die das sichtbare Verhalten steuern. Und es behält sie in Erinnerung. Das Baby erlebt nun seine Mutter, seine Bezugspersonen als ein Gegenüber mit Gefühlen und Gedanken, die mit seinen eigenen kommunizieren.

Die Meilensteine in der Entwicklung zur Selbstständigkeit sind Gehen und Sprechen.

Das Baby erfasst jetzt auch, was in einem Menschen vorgeht.

Das erweitert seine Möglichkeiten, mit anderen zusammen zu (er-)leben, erheblich. Die „innerlichen" Beziehungen zwischen Menschen können nun abgelesen werden, sie können ineinander greifen, sich aufeinander einstimmen (oder: falsch „gelesen" werden, aneinander vorbeilaufen und nicht in Einklang sein). Zu dem neuen Empfinden gehört auch die Fähigkeit, einen gemeinsamen Fokus der Aufmerksamkeit zu entwickeln. Das Mitteilen des eigenen Erlebens wird möglich und die Themen des zwischenmenschlichen Austausches ändern sich.

Ohne auch nur ein Wort zu sagen, kann das Baby etwas mitteilen, z. B.: „Mama, du sollst herschauen, damit du siehst, wie aufregend dieses Spielzeug ist. Ich möchte, dass du die Freude mit mir teilst." Das Baby, das seine Mutter dazu bewegt, organisiert die soziale Welt unter seiner veränderten subjektiven Perspektive. Es möchte z. B. ausdrücken: „Diesen Keks will ich haben", oder es möchte ein Gefühl teilen: „Das ist ein spannendes Ding, ich möchte es gleich untersuchen." Wenn das Baby wahrnehmen kann, dass es solche inneren Zustände seiner Mutter mitteilen und mit ihr teilen kann, finden beide zu einem gemeinsamen Erleben. Das Grundmuster dafür, dass zwei Menschen von einer gemeinsamen Erfahrung berührbar sind, obwohl sie zwei verschiedene Innenleben haben, wird hier sichtbar.

Die Basis jeder Beziehung

Diese deutliche persönliche Ausprägung verleiht dem 8 Monate alten Baby eine größere „Präsenz", es kommt den Eltern jetzt so vor, als sei es nun noch mehr eine richtige kleine Persönlichkeit voller eigener Gedanken, Absichten und eigenwilliger Handlungen. Sie beginnen jetzt auch die kleine Person anders zu behandeln, sie fangen an, an sein Mitgefühl oder Mitdenken zu appellieren. Das behutsame Grenzensetzen beginnt eine Rolle zu spielen. Denn nun kann das Baby langsam begreifen, was ein „Nein" bedeutet. Das heißt, es schwimmt nicht mehr einfach im Strom der Einfühlung seiner Mutter, sondern es nimmt sie zunehmend als ein Gegenüber wahr und ihre wechselseitige Einfühlung wächst zu einer Brücke zwischen beiden.

Mitdenken und Mitfühlen können jetzt beginnen.

Das Baby möchte jetzt auch mehr selbst organisieren, was an gemeinsamen Erfahrungen möglich ist, und möchte, dass die Mutter seine Gefühle teilt. Es ergreift z. B. ein Spielzeug mit einem verzückten „Aaah!" und seine Mama zeigt durch ihren Gesichtsausdruck die gleiche Erregung und Freude. „Wie toll"! Oder ein Spielzeug liegt außerhalb der Reichweite des Kindes. Es streckt und reckt sich, spannt den Körper an und versucht heranzukommen. Im Augenblick der letzten Anspannung schwingt die Mutter „uhh ... uhh!" im Rhythmus der Anstrengung des Kindes mit.

Die Empathie der Mutter wird jetzt zum Gegenstand der kindlichen Erfahrung. Die Mutter beschränkt sich nicht mehr auf eine Nachahmung, sondern ihr Verhalten korrespondiert mit dem Gefühlszustand des Kindes, das dieses Mitschwingen aufnimmt, es lässt sich „anstecken". Solche wichtigen Prozesse sind das basale Urgestein der späteren Beziehungen: das Verlangen eines wechselseitigen Sichanvertrauens, den anderen zu erkennen und erkannt zu werden.

Die Entwicklungsphase, in der sich diese Fähigkeit zu Nähe und Intimität zum anderen entfaltet, ist die, in der die körperliche Intimität mit der Mutter zu Ende geht. Verschiedene Psychologen beschreiben diese Phase deshalb auch als eine Zeit des vollständigen Auftauchens oder „Ausschlüpfens". Genau dieses Ausschlüpfen ermöglicht eine neue Qua-

Die körperliche Intimität mit der Mutter geht allmählich zu Ende, dafür entwickelt sich die Fähigkeit zu Nähe und Intimität zu anderen Menschen und Dingen.

121

lität der Beziehung zwischen Mutter und Baby. Beide stellen jetzt immer mehr eine Gemeinsamkeit, eine Verbindung ihres inneren Erlebens her, die auf den Erfahrungen ihrer intensiven Verbundenheit davor aufbaut.

(Mit-)geteilte Perspektive

Noch befindet sich das Baby im präverbalen Entwicklungsstadium, aber es kann sich gut ohne Worte der Mutter und seiner Umgebung mitteilen. Ein deutliches Zeichen, dass es nicht mehr nur um seine innere Welt kreist, sondern seine Koordinaten durch die Welt zu legen beginnt, ist, dass das Baby seine Aufmerksamkeit mit einem anderen teilen kann. Es kann z. B. mit dem Blick einem ausgestreckten Finger folgen und den Gegenstand, auf den die Hand verweist, mit seiner Aufmerksamkeit anpeilen. Und weiter: Die Mutter zeigt auf etwas und das Baby lässt dabei den Blick zwischen dem Zielpunkt und dem Gesicht der Mutter hin- und herwandern, um festzustellen, ob sie seine Aufmerksamkeit teilt.

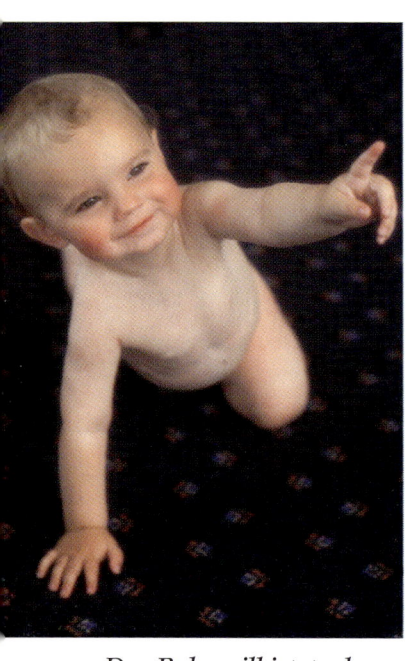

Das Baby will jetzt schon ganz gezielt etwas und macht das auch deutlich.

Die Möglichkeit, selbst auf etwas zu zeigen, ist verbunden mit der Fähigkeit, zu greifen und sich krabbelnd fortzubewegen. Damit sammelt das Baby schon Erfahrungen mit den unterschiedlichen Blickwinkeln auf die Dinge. Die Mutter zu etwas zu bewegen ist jetzt immer häufiger sein Ziel. Sie hält beispielsweise einen begehrten Keks in der Hand, das Baby will ihn haben. Es streckt die geöffnete Handfläche der Mutter entgegen, macht Greifbewegungen, blickt zwischen ihrem Gesicht und der Hand mit dem Keks hin und her, sagt in ziemlich gebieterischem Ton „Äh! Äh!" – und bekommt den Keks gereicht. Es hat sich in dieser kleinen Szene vom Säugling, dem gegeben wird und der nimmt, in eine Person verwandelt, die gezielt von ihrer Mutter etwas will und dabei voraussetzt, dass sie Verständnis für seine Absichten hat und bereit ist, dies zu ihrer Angelegenheit zu machen, also sich ihm zuwendet und ihren Wunsch erfüllt.

Es geht dabei nicht nur um den Keks, der schön süß schmeckt und deshalb einverleibt wird. „Einverleibt" wird die Erfahrung, „ich kann mich so äußern, dass Mama weiß, worum es mir geht. Ich kann sie dazu bewegen, etwas für mich und mit mir gemeinsam zu tun. Sie versteht mich."

Wenn die Mutter darüber froh ist, teilt sich das ihrem Baby mit, denn es kann nun sehr gut ihre Gefühle in ihrem Gesicht ablesen. Wenn es in einer Situation unsicher wird, schaut es zur Mutter hin, um abzulesen, was sie von der Sache hält. Es versucht sich mit ihr abzustimmen und stellt eine Entsprechung zwischen dem eigenen inneren Gefühlszustand und dem, den es an der Mutter beobachtet, her.

Emotionales Echo

Das wirft auch ein Licht auf seine Abhängigkeit und Empfindlichkeit. Je sensibler das Baby um eine Abstimmung der Gefühle bemüht ist, desto irritierter ist es, wenn es nicht klappt, wenn die Mutter (innerlich) nicht erreichbar ist.

Begriffe wie „Spiegeln" oder „Echogeben" beschreiben in etwa diesen Vorgang, wie eine Person den inneren Zustand einer anderen „widerspiegeln" oder ihm als „Echo" dienen kann. Es geht dabei weniger um Wissen als vielmehr um das Erleben einer emotionalen Resonanz.

Weil diese Prozesse des ersten sozialen Lernens so grundlegend sind, ist es wichtig, ihre Bedeutung zu kennen. Das Baby braucht die Erfahrung einer Mutter, die mit ihm zusammen erleben will und Anteil nimmt. Dieser Wunsch nach Gemeinsamkeit und Gleichklang ist noch etwas anderes als das Bestreben, zu reagieren. Das Baby aufzumuntern oder zu beruhigen, verstärkend zu wirken oder ein gewohntes Spiel zu spielen, Interaktionen zu strukturieren – diesen Part übernehmen oft auch die Väter oder andere Bezugspersonen. In der Abstimmung auf ein gemeinsames Erleben, das so eine zentrale Bedeutung in der Beziehung von Mutter und Kind hat, geht es um etwas anderes. Gemeinsamkeit bedeutet, das Erleben des anderen zu teilen, ohne das, was er tut, verändern zu wollen.

Die Anteil nehmende Resonanz der Mutter ist lebensnotwendig.

Die unterschiedlichen Färbungen des Verhaltens von Vater und Mutter können Anlass zu Reibereien zwischen beiden sein, etwa mit dem Vorwurf, der andere gehe nicht richtig auf das Kind ein. Es ist unbedingt wichtig, dass beide Elternteile gegenseitiges Verständnis dafür aufbringen, dass sie unterschiedlich mit ihrem Kind umgehen und dabei ihrer eigenen Intuition, ihrem Temperament und ihrer Rolle folgen. Die wachsende Fähigkeit, gemeinsam Gefühle zu erleben und sich wechselseitig aufeinander zu beziehen, macht den Umgang mit dem Baby nicht nur komplexer, sondern auch vergnüglicher.

Lautmalerei

Mit seinen acht Monaten beginnt das Kind die Bedeutung bestimmter Wörter zu begreifen, sie bekommen nun neben der gefühls- und beziehungsmäßigen Bedeutung auch eine konkrete. Es beginnt z. B. einer Person eine Silbe oder ein Wort zuzuordnen, hört es das Wort „Papa", schaut es zum Vater. Seine eigenen Sprechkünste sind jetzt sehr „in Arbeit". Es experimentiert mit Konsonanten und Vokalen und bildet Lautfolgen und Lautketten, die es vor sich hin plappert, plaudert oder in verschiedenen Tonfolgen trällert (da-da-da-, go-go-go, meh-meh, ba-ba-ba usw.). Manchmal trifft es mit seinen Lauten auch schon die richtige Person und aus solchen Lautfolgen wird dann der „Ba-Ba": Papa!

Es ist begeistert davon, seine Lautschöpfungen mit Gesten zu verbinden, es imitiert Klatschen und „Ada-ada"-Winken. Der Austausch von Lauten dient jetzt auch dazu, Kontakt aufrechtzuerhalten, wenn Vater und Mutter aus dem Zimmer sind. Das Schreien ist längst nicht mehr das einzige Mittel, um die Eltern herbeizurufen, es wird nun mit Gesten und Silben kombiniert.

Imitieren ist sein Metier und es liebt das Zusammensein am Familientisch, wo es zuhören und zuschauen kann, wie alle miteinander sprechen. Es hat bald Freude daran, einfache Fragen oder Aufforderungen zu verstehen: „Wo ist der Ball? Gib ihn mir – danke!"

Spielend lernen – Sicherheit und Vertrauen durch das Spiel

Im Spiel werden die neu erworbenen geistigen Fähigkeiten erprobt.

Das Baby wird sich seiner selbst und seines Körpers immer mehr bewusst. Seine damit zusammenhängenden geistigen Fertigkeiten erprobt es vor allem auch im Spiel. Das Interesse an Gegenständen wächst. Alle Spielsachen werden intensiv mit den Augen erkundet, mit den Händen nach allen Seiten gedreht, betastet, mit dem Zeigefinger befühlt.

„Fort? – Da!": Die „Objektpermanenz"

Beim Kind entwickelt sich jetzt eine neue, erstaunlich gute Erinnerung an die Gestalt von Gegenständen. Seine neue Merkfähigkeit erprobt es auf verschiedene Weise im Spiel allein oder mit anderen. Es versteckt ein Spielzeug, deckt es wieder auf und begrüßt es freudig. Es lässt Spielzeuge fallen und beobachtet, wohin sie rollen und ob sie noch da sind.

Neben dem Erinnern an den Gegenstand geht es hier um eine Variante des Erinnerns, die Jean Piaget Objektpermanenz genannt hat. Das Wissen, dass ein Gegenstand noch vorhanden ist, auch wenn er gerade nicht gesehen wird. Das ist für das Baby ein neuer Lernschritt. Bisher war ein Gegenstand, wenn er aus dem Blickfeld verschwand, auch nicht mehr vorhanden. Jetzt bewahrt es eine Vorstellung von dem Gegenstand, der verschwunden ist. Es weiß, der Ball ist weggerollt, aber es gibt ihn noch.

Deshalb liebt es jetzt auch Versteckspiele so sehr. Es kann sich die äußere Form des versteckten Gegenstandes so lange merken, bis es ihn gefunden hat. Da das Baby sich jetzt fortbewegen kann, arbeitet es sich an die Gegenstände außer Reichweite heran oder es schleppt Spielzeuge an einen bestimmten Platz. „Fort-Da"- und „Guck-Guck"-Spiele sind nicht nur spaßig, sondern wichtig für seine Entwicklung.

Dass Sachen weiterexistieren, auch wenn man sie versteckt und nicht mehr sieht, ist deshalb so spannend, weil das auch für Personen gilt. Wenn Papa beim „Guck-Guck"-Spiel hinter dem Rücken von Mama verschwindet, sich mit „guck-guck" meldet, ist er also noch vorhanden, auch wenn man ihn nicht sieht. Die Erwartung, ihn wieder zu finden, „da!", ist beglückend und aufregend, denn sie bedeutet in der (noch nicht bewussten) Konsequenz: Auch wenn meine geliebten Erwachsenen nicht im Blickfeld sind, gehen sie nicht verloren. Die Vorstellung, mit der sich das Baby auseinander setzt, ist die „Personpermanenz".

Wenn die Eltern mit dem Baby „Fort-Da"- Spiele machen, baut es Erwartungen auf und wartet ab, ob sie sich erfüllen – das macht die Spannung aus, wenn Papas Gesicht hinter dem Kissen verschwindet und nach einer Weile – ist er immer noch da?! – wieder erscheint. Es hat großen Spaß daran, wenn seine Erwartungen auch einmal durchkreuzt werden und der Papa an einer ganz anderen Stelle wieder zum Vorschein kommt.

Der Unterhaltungswert und die Ausdauer bei diesen Spielen sind auch deshalb so groß, weil sich das Baby hier mit weit reichenden Erkenntnis-

Vertraute Gegenstände können jetzt vom Baby weggegeben werden. Es weiß, dass sie später wieder da sind.

sen vertraut macht. Indem es das Verschwinden und Wiederkommen beobachtet, erwirbt es sich Sicherheit im Umgang mit solchen Situationen. Es merkt, dass es auf das Verschwinden und Wiederkommen Einfluss nehmen kann. Zuerst wird das an vertrauten Gegenständen klar. Es kann sie beruhigt hergeben, denn es geht davon aus, dass sie später wieder da sind. „Fort-Da"-Spiele mit den Eltern sind natürlich aufregender, denn hier sorgt das Miterleben ihrer Gefühle für Spannung.

Spielend Ängste bewältigen

In dieser Phase des raschen Lernens reagieren Babys auf vieles empfindlich. Besonders aber darauf, von Mutter oder Vater allein gelassen zu werden. Trennungen werden jetzt besonders schwer. Das Baby reagiert misstrauisch oder sogar entsetzt auf fremde, aber auch bekannte Gesichter. Es in dieser Phase anderen Menschen oder Babysittern zu überlassen ist eine Entscheidung, die mit Sorgfalt überlegt sein muss. Babysitter sollten immer Personen sein, die das Kind kennt und mit denen es schon gute Erfahrungen machen konnte, als die Elteren da waren.

Babysitter sollten immer Personen sein, die das Kind schon kennt.

Am besten richtet man es so ein, dass das Baby nun für einige Zeit keine Abschiede und größeren Veränderungen verkraften muss, wenn sie nicht dringend nötig sind.

Auf jeden Fall helfen Spiele, die Angst des Kindes vor Trennungen und Verlassenwerden zu verarbeiten. Das Kind ist jetzt meist gar nicht mehr zutraulich anderen gegenüber. Es fremdelt. Selbstverständlich muss es neue Menschen kennen lernen und studieren können, aber man sollte vermeiden, dass Tante, Opa oder Nachbarin auf das Baby zustürzen und gleich auf den Arm nehmen wollen. Es braucht jetzt Zeit, selbst „abzuchecken", will aber nicht so gern von anderen direkt („eindringend") angeblickt werden.

Auch eine Ängstlichkeit gegenüber fremden Orten kann nun auftreten. Das Anklammern an die Eltern wird stärker und sie müssen sich klarmachen, dass dieser vermeintliche Rückschritt ein Auftakt zu neuen Entwicklungsschüben ist. Auch wenn die Oma gekränkt ist, dass ihr Enkel nicht mehr auf ihren Schoß will, muss das Baby unterstützt werden und nicht die Oma.

126

Das stärkere Abhängigkeitsbedürfnis ist mit dem Bewusstsein gekoppelt, dass die Mutter zwar immer wieder kommt, aber eben auch geht und das Baby manchmal zurücklässt. Außerdem kann es ja auch selbst wegkrabbeln – eine beflügelnde und eine beunruhigende Erkenntnis.

Seine Spiele helfen ihm, schon jetzt Ängste, Wünsche und Ziele darzustellen. Es kann sich das, was in ihm vorgeht, „von der Seele spielen". Insofern benützt es das Spiel auch als Mittel, um seine Ängste an die Oberfläche des Bewusstseins zu bringen und so besser mit ihnen fertig zu werden. Es spielt zum Beispiel Trennung von der Mutter und krabbelt von ihr weg.

Bevor das Baby um die Ecke biegt, vergewissert es sich, ob die Mutter noch da ist. Wenn es außer Sichtweite gekrabbelt ist, hält es den Kontakt durch Rufen aufrecht. Reißt der Kontakt ab, krabbelt das Baby eiligst zurück. Nun will es hochgehoben und gestreichelt werden. Es braucht die Versicherung, dass die Mama das Gefühl der Kluft, die für das Baby durch sein Wegkrabbeln entstanden ist, wieder überbrückt. Sie muss es mit ganz viel Nähe versorgen, damit es sich „aufgetankt" wieder auf den Weg machen kann und erneut übt, wie sich Trennung anfühlt.

Das Spiel hilft, Trennungsängste zu verarbeiten.

Tröstende Begleiter

Wenn aus dem Spiel ernst wird, ist es zwar schon auf die Belastung der Trennung vorbereitet, aber es wird ihm trotzdem viel ausmachen. Seine Verarbeitungsmöglichkeiten sind, solange es noch nicht auf seinen eigenen Beinen steht und laufen kann, noch schwach ausgebildet und unnötige längere Trennungen von der Mutter oder der vertrauten Umgebung nicht angebracht. „Tröster" sind jetzt eine ganz wichtige Sache. Das sind nicht einfach Spielsachen, die das Kind besonders mag – sie haben eine viel zentralere Bedeutung.

Zunächst einmal ist die Fähigkeit, ein Spielzeug, ein Kuscheltier, eine Stoffpuppe u. Ä. liebzuhaben und seinerseits zu „bemuttern", ein Hinweis darauf, dass das Baby in dieser Hinsicht gute Erfahrungen gesammelt hat. Es handelt gescheit und mit einem Sinn für Zärtlichkeit, wenn es für sich einen solchen tröstenden Begleiter (er-)schafft. So ein auserwählter Lieblingsgegenstand, also etwa der schon reichlich abgenutzte

Plüschhase, ist nicht immer das schönste Exemplar seiner Gattung, aber das ist für das Kind nicht von Bedeutung. Im Gegenteil, seine Gebrauchsspuren und seine Orginalität machen ihn unersetzlich.

D. W. Winnicott hat diesen wichtigen Gegenstand jeder Kinderentwicklung beschrieben. Dieser kostbare Besitz, meist ein Stofftier, ein Schmusetuch, aber auch der Schnuller usw., ist immer ein wichtiger Begleiter und zuverlässiger Tröster, der Schutz und Beruhigung spendet. Das „Übergangsobjekt" dient als Brücke zwischen der körperlichen Nähe zur Mutter und dem Getrenntsein von ihr. Es hat gewissermaßen die „magische" Kraft, den idealen Zustand des Ungetrenntseins (illusionär) darzustellen, und übernimmt die beruhigende Funktion dieses Zustandes.

Wir merken schon jetzt: Die Spiele, die das Baby spielen mag, die Spielsachen, die es braucht und an denen es hängt, haben unsere besondere Wertschätzung verdient, denn das Baby macht damit Erfahrungen, die für seine Entwicklung sinnvoll sind.

Im Spiel begegnen sich äußere und innere Welt

Es wird deutlich, dass das Spiel viel mehr umfasst als ein bisschen Zeitvertreib mit netten Sachen. Es ist auch nicht nur die Lust am Einüben von Verhaltens- und Funktionsweisen oder das pure Nachahmen. Natürlich dient dem Baby das Spiel zum Sammeln von Erfahrungen, es erwirbt erste Fähigkeiten durch Nachahmung im sozialen Spiel und lernt, Gegenstände zu gebrauchen, es sammelt Erfahrungen über räumliche und kausale Beziehungen. Diese Dinge lernt es, auch wenn wir seine Spiele, die häufigen Wiederholungen, das dauernde Umwerfen, Runterwerfen und In-den-Mund-Nehmen nervig finden.

Im Spiel verbinden sich Erfahrungen aus der Umwelt mit dem seelischen Erleben des Kindes.

Aber das ist eben nicht alles. Wir haben gesehen, dass sein Spielen eine höchst bemerkenswerte Möglichkeit ist, seine Entwicklungsthemen darzustellen und zu verarbeiten. Das intensive Interesse des Babys am Spiel, seine Lust, seine Erregung, aber auch seine Ausdauer und sein Ernst zeigen uns, wie grundlegend die Erfahrungen im Spiel sind. Das Spiel wird ihm dann seine ganze Kindheit hindurch dazu dienen, die äußere Welt mit ihren Dingen und Phänomenen kennen zu lernen und seine innere Welt den äußeren Gegebenheiten anzupassen.

128

Sachen zum Spielen

Wie sehr Spielsachen für die Anfänge des Spielens geeignet sind, sollte das Baby entscheiden. Von größtem Interesse sind meist die Dinge, mit denen die Mutter oder andere Familienmitglieder hantieren.

Solange das Baby sich seine Spielsachen noch nicht selbst heranholt, kann man gut etwas von seinen eigenen Arbeitsgegenständen nehmen. Verschiedene Behälter, Schachteln, Becher, Löffel, ein Schlüsselbund, alles, was ohne Gefahr mit Hand und Mund ertastet werden darf und beim Herunterfallen nicht zerbricht, ist geeignet.

Natürlich gibt es auch Spielsachen für dieses Alter, die man kaufen kann. Das sollten dann Dinge sein, die seinem Erkundungsverhalten entgegenkommen, also Gegenstände, die sich mit dem Mund untersuchen lassen, sich auf einer Unterlage hin und her schieben und vergleichen lassen und auf den Boden geworfen werden können, mit denen man Geräusche machen kann und die sich gut zur visuellen Untersuchung hin und her drehen lassen. Im Laufe des 1. Jahres kommen dann Spielsachen dazu, an denen sich einfache ursächliche Zusammenhänge erfahren lassen: Ein Holztier lässt sich an einer Schnur heranziehen, eine Glocke lässt sich schütteln und tönt, eine Spieluhr lässt sich aufziehen.

Außerdem lassen sich Dinge in der Natur erfühlen und erfahren: Wasser, Sand, Gras und vieles mehr. Das Essen ist für die meisten Kinder ein wunderbares „Spielzeug", denn in diesem Alter gilt: Mit Essen darf man spielen, jedenfalls in dem Rahmen, den Mama festsetzt.

Mit der Differenzierung des Greifens fängt das Baby auch schon an, Klötzchen aufeinander zu stellen. Fürs Erste bleibt es beim „Zwei-Klötzchen-Turm", der auch gleich umgestoßen werden muss. Weiche Bälle aus Stoff lassen sich prima herumwerfen und nach dem Herunterfallen beobachten oder sogar schon mit einem Spielpartner hin und her rollen. Spiele wie das Ball-Kullern tragen dazu bei, dass das Baby die Fähigkeit entwickelt, ein Spielzeug loszulassen und bewusst darauf zu warten, es wiederzubekommen.

Immer mehr Eltern möchten gezielt mit Spielsachen die Entwicklung ihres Kindes fördern und beginnen schon jetzt nach dem Motto „Früh übt

Alle Spielsachen sollten sich auch mit dem Mund untersuchen lassen.

Jedes Kindesalter verlangt eigene Spielzeuge, die sorgfältig ausgewählt sein wollen.

sich ..." Dinge zu kaufen, die förderlich sein sollen: „Play-Center" und „Activity-Center" und was es dergleichen mehr gibt. Damit ist die Erwartung verbunden, gezielte Anregung würde sich auf spätere Leistungsfähigkeit auswirken – das ist leider ein Missverständnis des kindlichen Spiels.

Natürlich drängt es das Kind danach, mit allem zu spielen, was es erreichen kann, aber wie wir gesehen haben, weder als Training für eine spätere Leistung noch als zielloser Zeitvertreib. Sinn, Ziel und Lust am Spiel sind eng verflochten mit seiner ganz persönlichen Entwicklung. Und es will von seinen Eltern nicht irgendwohin gedrängt, gezogen oder überfordert werden, sondern es möchte dort, wo es in seiner Entwicklung gerade steht, abgeholt und begleitet werden.

Alles in Bewegung: Aufrichten und Stehen, Schlaf und Ernährung

Mit seiner wachsenden Mobilität steigert sich in den nächsten Monaten der Drang des Babys, unterwegs zu sein. Es gibt Kinder, die kriechen und krabbeln überallhin, wälzen und robben sich den lieben langen Tag durch

130

die Wohnung und nichts ist vor ihnen sicher. Andere sitzen in aller Ruhe auf dem Fußboden oder auf ihrer Spieldecke und untersuchen die Welt auf ihre Weise sehr intensiv und bedächtig.

Erste Grenzen

Für Babys mit ungebremster Forschungslust muss man die Wohnung überprüfen und alle Gefahrenquellen beseitigen. Auch mit unschuldiger Spielfreude an den Knöpfen von Musik- und Fernsehanlagen muss man von jetzt an rechnen. Je größer der Radius wird, desto eher wird das Baby ab und zu ein „Nein" hören und seine Bedeutung herausfinden wollen. Das „Nein" wird nun häufig in das Spiel miteinbezogen. Entsprechende Situationen werden von dem Baby gezielt inszeniert. Es krabbelt z. B. auf ein verbotenes Objekt zu und vergewissert sich immer wieder, ob die Mutter auch schaut. Wenn sie reagiert und „Nein!" ruft, wird schnurstracks weiter draufzugekrabbelt. Das Baby versucht herauszufinden, was der Mutter das „Nein" bedeutet, wie ernst es ist, hat aber das Verbot, das in dem Wörtchen steckt, noch nicht verinnerlicht. Selbstverständlich müssen bei Gefahrenquellen die Grenzen unmissverständlich gesetzt werden. Von jetzt an wird die Aufgabe, mit Gespür Grenzen zu setzen und Anfänge von Disziplin „ins Spiel" zu bringen, unerlässlich. Die Eltern sind dafür verantwortlich, dass ihr Kind auf klare Grenzen stößt. Dazu brauchen sie Geduld und eine Vorstellung von einem auf bestimmten Werten beruhenden Zusammenleben.

In der Wohnung sollten mögliche Gefahrenquellen beseitigt werden.

Auf eigenen Beinen stehen

Spätestens mit neun oder zehn Monaten will das Baby stehen. Es fängt an, sich an geeigneten Gegenständen hochzuziehen, arbeitet mit auseinander gestemmten Beinen gegen die Schwerkraft, bekommt beispielsweise den Tischrand zu packen und steht schwankend da. Hat es erst einmal das Hochziehen gemeistert, verharrt es eine ganze Weile in dieser Position. Lässt es die Hände los, plumpst es in die sitzende Position zurück und fängt von vorne an. Es übt, eine Hand loszulassen und sich z. B. an einem Gitterstab durch wechselndes Nachgreifen hochzuziehen – ein schwieriger bewusster Lernschritt. Es probiert aus, welche Möbelstücke zum Hochziehen geeignet sind, es zieht vielleicht etwas herunter, fällt hin und lernt aus jedem seiner Versuche.

Mit neun oder zehn Monaten versucht das Baby zu stehen.

131

Babys in diesem Alter stehen oft, solange sie nur können, sie finden das Stehen viel aufregender als das Sitzen und sind frustriert, wenn es plötzlich aufhört. Wenn sie doch vom Stehen genug haben, ist es am Anfang nicht einfach, sich wieder herunterzulassen. Manchmal ist es ein wochenlanger Lernprozess, nicht schmerzhaft umzufallen oder das Gleichgewicht zu verlieren. Manche Babys schreien und brauchen Hilfe, um vom Stehen wieder in eine andere Position zu kommen. Nachdem sie ein paarmal hingefallen sind, entdecken die meisten Babys von selbst, dass sie sich in der Mitte einknicken können, und lernen so nach und nach den Po herauszustrecken, das Gleichgewicht zu halten und mit einem gemächlichen Plumps zum Sitzen zu kommen. Das nächste Ziel ist, die Hände freizubekommen und nach etwas fassen zu können.

Das Stehen kann für das Baby vorübergehend so wichtig sein, dass es sich weigert, etwas im Sitzen oder gar Liegen zu tun. Manche möchten dann im Stehen gefüttert werden, gewickelt, umgezogen werden und versuchen sogar im Stehen einzuschlafen. Die Befriedigung, die das Stehen vermittelt, kann sogar eine Enttäuschung wettmachen und die Freude über den aufregenden Fortschritt kann von einem Schmerz ablenken. Das Fernziel ist die aufrechte Fortbewegung.

Die meisten Babys genießen es zu stehen.

Wenn das Baby sich in seiner Umgebung ungehindert bewegen darf und aus seinen Versuchen lernen kann, verarbeitet es die gemachten Erfahrungen schneller. Die Mutter sollte sich hüten, ständig hinter ihm her zu sein, ihm zu helfen oder es zurückzuhalten, bevor es einen Fehler machen kann, sonst verwandeln sich seine Übungen in etwas ganz anderes. Statt dass es unbekümmert herumprobiert, wird es bei jedem neuen Versuch erst die Reaktionen der Mutter prüfen. Auf diese Weise kann es ängstlich und abhängig werden. Oder es kommt ihm mehr darauf an, die Mutter einzubeziehen als aus seinen Anstrengungen zu lernen.

Das heißt allerdings nicht, dass man das Baby nicht aufmerksam begleiten sollte und bei all seinem Tun in der Nähe sein muss. Im Gegenteil, gerade jetzt ist Vorsicht geboten und ein sehr aktives Baby kann man kaum mehr aus den Augen lassen.

Ein sehr aktives Baby kann man kaum noch aus den Augen lassen.

Es gibt auch Babys, die keine Draufgänger sind, sondern alles bedächtiger angehen und aus sicherer Position ihre Umwelt mehr „guckend erforschen". Sensible Babys entwickeln mit dem Aufrichten oft Höhenängste und prüfen sorgfältig, ob sie auch immer Boden unter den Füßen oder dem Hintern haben. Sie zeigen damit, dass sie schon Höhenunterschiede verstehen und respektieren können.

Balanceakte

Auch wenn es jetzt noch wie angewurzelt an einer Stelle steht und sich festklammert, jedes Menschenkind hat von Natur aus den Drang, sich aufzurichten und zu gehen. Wenn es seine motorischen Fähigkeiten einigermaßen sicher beherrscht und vom Liegen oder Sitzen in den Stand übergehen kann, wirkt es mächtig stolz. Wahrscheinlich wird es Tag und Nacht davon umgetrieben und schon morgens steht es im Bettchen und ruft – und immer häufiger tut es das auch nachts. Sein Rhythmus kann aus der Balance geraten.

Das Baby ist in die dritte Dimension vorgestoßen und die neue Perspektive bietet ungeheuer viele Anregungen. Es kommt auf immer neue Ideen. Es kann bald im Stehen die Kniegelenke bewegen und auf und ab wippen, es versucht mit dem Po wie ein kleiner Tanzbär zu wackeln, wenn es Musik hört, oder es fängt an, sich seitwärts an Möbeln entlang zu bewegen. Das bietet ungeahnte Möglichkeiten, an Dinge heranzukommen, die den Erwachsenen wichtig sind.

Mit dem Gehen hat es meist noch keine Eile, nur 50 % der Babys machen ihre ersten freien Schritte vor dem 1. Geburtstag.

Lauflernhilfen sind völlig unnötig und nehmen dem Baby den Antrieb, selbst auf festen Füßen zu stehen.

Gänzlich falsch wäre es jetzt, das Gehen durch irgendwelche Hilfsmittel beschleunigen zu wollen, etwa mit so genannten „Gehfreistühlchen" und Ähnlichem. Solche Krücken auf Rollen nehmen dem Kind den Antrieb, der aus seinem eigenen Bewegungsmuster erfolgt. Die Geschwindigkeit, mit der das Kind in solchen Geräten rollen kann, entspricht auch nicht seinem natürlichen Fortbewegungs- und Wahrnehmungstempo. Schließlich ist es jetzt aufgeregt genug und braucht seine Kraft nicht nur zum Vorwärtskommen, sondern auch um zur Ruhe zu kommen. Es muss sein körperliches und sein seelisches Gleichgewicht bewahren. Das Baby braucht jetzt viel Halt, um auch innerlich die Balance zu finden.

Ruhig im Rhythmus bleiben

Die neuen Entwicklungsschritte wirken sich auch auf den Schlafrhythmus aus. Ein Baby, das sich mit dem Stehen beschäftigt, ist davon rund um die Uhr mehr oder weniger erregt. Sogar in der Nacht, sobald der Schlafrhythmus eine flachere Phase erreicht, kommt ihm seine motorische Aufgabe mit all den Aufregungen in den Sinn.

Statt abends beim Einschlafen liegen zu bleiben und in den Schlaf hinüber zu gleiten, steht es immer wieder auf; wird es energisch hingelegt, ist es gleich wieder auf den Beinen. Eine neue Phase der Geduldsproben steht für die Eltern an. Es bleibt nicht aus, dass sie sich durch ihr „Stehaufmännchen" gereizt und geärgert fühlen.

Solche Absichten hat das Baby aber gar nicht. Es kann jetzt nun mal schwer abschalten und braucht dazu die ruhige, besänftigende Unterstützung seiner Eltern.

Das Einschlafritual bekommt nun ein größeres Gewicht und man sollte es als besonderes Zeremoniell dem Abschied vom Tag vorbehalten. Das Kind kann dann mit der Zeit eine Erwartungshaltung entwickeln, was bestimmte Tagesvorkommnisse und Abläufe betrifft. Die Konstanz dieser Abläufe gibt ihm Festigkeit und Ruhe. Alles, was dem Kind hilft, sich zu entspannen, ist auch langfristig von Vorteil.

Entspannen heißt für das Baby, auch auf das zurückzugreifen, was bisher beruhigend war – es darf regredieren. Am besten kann es das meistens im Arm von Mama, die z. B. das letzte Abendfläschchen in ein behagliches Ritual einbaut. Während es im Arm liegt, kann sie es wiegen, mit ihm schmusen, ein Lied summen und eine kleine Geschichte erzählen. Im Bett gibt es ein vertrautes Spielzeug und Bettzeug zum Kuscheln, Mamas liebevolle Hand ist da und streichelt, ihre Stimme ist da und besänftigt die inneren Unruhegeister. Das dauert seine Zeit. Nicht jeden Abend wird man in der Verfassung sein, dieses Ritual gemeinsam mit dem Baby zu genießen. Aber es lohnt sich, dem Abendstündchen auch für sich eine angenehme Seite abzugewinnen und innerlich entschieden dabei zu sein. Ein Kind, das regelmäßig und zuverlässig diese Geborgenheit erfährt, hat die Möglichkeit, sie zu verinnerlichen und langsam unabhängiger zu werden. Es wird in sich ein positives Bild vom Weg in den Schlaf aufrichten. Noch hat es für das Kind etwas Beängstigendes, wenn die Augen zuklappen und die ersten Ausfälle der Sinne es wieder hochschrecken lassen. Dann braucht es die vertraute Stimme, eine Halt gebende Berührung, um sich wieder dem Schlaf zu überlassen.

Der Sinn und Zweck des Einschlafrituals liegt im Erleben von Vertrautheit, das die Angst vor dem Weg in den Schlaf mindert. Langsam gewöhnt sich das Kind daran, eigene Muster zu entwickeln und sich auf seine Weise auf den Weg in den Schlaf zu machen. Je mehr die Mutter das Ritual auch für sich als Zeit der Vertiefung der Beziehung zu ihrem Baby nutzt, umso mehr wird sich ihre Mühe lohnen.

Ein Einschlafritual mindert die Angst vor dem Weg in den Schlaf.

Jeder Entwicklungsschub ist für die Eltern eine neue Chance, Vertrauen zu stärken, und für das Kind, das eigenständige Einschlafen zu lernen.

Schlafbedarf, Durchschlafen

Der Schlafbedarf ist von Kind zu Kind durchaus unterschiedlich. Deshalb ist es auch schwierig, eine Regel aufzustellen, wie viel Schlaf das 9 bis 12 Monate alte Baby braucht bzw. wie viel es tagsüber schlafen soll. Manche

Kinder brauchen noch mehrere Schlafstunden über den Tag verteilt, um im Wachzustand zufrieden und interessiert zu sein, anderen reicht ein Stündchen Mittagsschlaf. Eine Faustregel gibt es allerdings: Der Schlafbedarf eines Kindes ist in etwa eine feste Größe. Wenn es tagsüber viel von seinem Schlafbedarf „wegschläft", kann es abends auch erst später einschlafen. Der Schlafbedarf ändert sich nicht von einem Tag auf den anderen. Schlaf-wach-Rhythmus und Schlafbedarf gehören in einer persönlichen Ausprägung zum Menschen. Wie Erwachsene auch, fühlt sich das Baby dann wohl, wenn sein Schlaf-wach-Rhythmus regelmäßig ist und es seinem Bedarf entsprechend schlafen kann. In diesem Alter wacht das Baby noch mehrmals in der Nacht auf. Das gehört zu seinem normalen Schlafverhalten. Es braucht die Nähe seiner Mutter. Um zum selbstständigen Wiedereinschlafen zu gelangen, sollte es allerdings nicht weiter geweckt oder aus dem Bett genommen werden. Ziel ist es ja, unabhängig von der elterlichen Unterstützung wieder in den Schlaf zu finden.

Das Durchschlafen in der Nacht gelingt immer besser, wenn das Kind sich tagsüber geborgen fühlt und in seinem Streben nach Selbstständigkeit gefördert wird und außerdem eine gewisse Regelmäßigkeit des Tagesablaufs gepflegt wird.

Der Schlaf-wach-Rhythmus gehört in seiner persönlichen Ausprägung zum Menschen.

Selbstständigkeit auch beim Essen

Das Saugbedürfnis und die körperliche Nähe, die mit dem Stillen oder dem Fläschchengeben verbunden sind, treten durch das starke Interesse am Selbstständigwerden allmählich in den Hintergrund. Der gegen Ende des ersten Lebensjahres einsetzende enorme Fortschritt in der motorischen Entwicklung und das Ausschlüpfen des Babys in eine größere Unabhängigkeit von der Mutter bringen eine natürliche Trennung mit sich. Die Gelegenheit abzustillen kann jetzt ergriffen werden. Wenn das Baby mehr und mehr sein Interesse erweitert und von der Mutter fortstrebt, fällt es den meisten Müttern schwer, diese enge Verbindung aufzugeben. Viele empfinden einen schmerzhaften Riss und etwas unausweichlich Neues auf sich zukommen. Mit einem weinenden und einem lachenden Auge sehen sie ihr Baby quietschfidel auf die Welt zustreben. Aber sie bleiben ja nicht mit leeren Armen zurück, auch wenn das Baby jetzt nicht mehr so oft und so regelmäßig in ihren Armen liegt. Gerade jetzt braucht es sie besonders, wenn auch auf veränderte Weise.

Was die Mahlzeiten betrifft, so möchte es jetzt mehr über den Ablauf bestimmen können. Es will seine Flasche halten und Brotstücke selbst in den Mund stecken. Es macht die ersten Versuche, aus der Tasse zu trinken und mit dem Löffel zu essen. Während das selbstständige Essen wichtiger wird, nimmt bei vielen Kindern der Appetit deutlich ab. Die Sorge, ob das Kind ausreichend und ausgewogen ernährt wird, wächst.

Das Herumspielen und Manschen, Kleckern und Beiseiteschieben gehen vielen Eltern mächtig gegen den Strich. Aber es hat wenig Sinn, bei einem Baby dieses Alters auf Tischmanieren und einer ausgewogenen Ernährung zu beharren. Das Kind möchte raus aus seiner Abhängigkeit und gerade beim Essen und Trinken selbstständig werden. Das steht jetzt im Vordergrund, auch wenn es schwer fällt. Stellen sich die Eltern diesem Bemühen entgegen, kann das zu Problemen in diesem Bereich führen.

Es hat wenig Sinn bei einem Kind dieses Alters, auf Tischmanieren zu achten.

Weil das Kind gerade mit seinem Essverhalten die Eltern erfreuen oder ängstigen kann, trifft es die Eltern an einem wunden Punkt, es gewinnt Macht über sie. Sie verspüren den unausweichlichen Drang und die Pflicht, ihr Kind ordentlich satt zu bekommen. Ein moppeliges Baby ist der Ausweis für gute Gesundheit und gute Eltern. Ein mageres Baby weckt Schuldgefühle, als hätten sie es vernachlässigt – sie fühlen sich leer und abgelehnt. Das Essen ist ein weites Feld für Kämpfe und Frustrationen. Es empfiehlt sich, hier Konflikten aus dem Weg zu gehen und Druck, aber auch Verführung oder Überlistung zu vermeiden.

In diesem Alter muss das Kind seine Nahrung mit den eigenen Händen zu sich nehmen oder beim Füttern beteiligt sein. Es darf verschiedene Speisen kennen lernen und sich an den einen oder anderen Geschmack gewöhnen. Manchmal entwickeln sich hartnäckige Vorlieben für bestimmte Speisen und unnachgiebige Ablehnung für andere. Da das Kind durch Vorbilder lernt und mehr und mehr mit der Familie isst, erlebt es, dass die anderen am Tisch von allem essen. Ausschlaggebend werden Vorbilder zum Nachahmen.

Auch wenn es wichtig ist, dass das Baby ausreichend Milch trinkt, sollte die Flasche nicht zum Dauerbegleiter werden. Milch ist nur ein Nahrungsmittel und am besten gibt man sie zum Abschluss der Mahlzeiten oder als letzte vor dem Einschlafen.

Wenn das Kind an einen Schnuller gewöhnt ist, dann ist jetzt allerdings der schlechteste Zeitpunkt, um ihn wegzunehmen. Um die kommenden Anforderungen zu überstehen, kann das Baby ein Hilfsmittel wie den Schnuller gut gebrauchen.

Die ersten Zähnchen

Oft hat sich das Zahnen durch vermehrtes Speicheln schon angekündigt.

Ein großer Spaßverderber kann in diesem Alter das Zahnen sein. Wenn die ersten Zähnchen im Mund sichtbar werden, in aller Regel sind es die unteren beiden Schneidezähne, ist das aber auch ein Anlass zur Freude. Oft hat sich das Zahnen durch vermehrtes Speicheln schon angekündigt. Manche Kinder werden weinerlich, unruhig, appetitlos. Für alle ist die Erfahrung, im Mundbereich, der bis jetzt eine Körperregion lustvollen Saugens und intensiven Erkundens war, nun Schmerzen und Unbehagen zu spüren, eine beunruhigende Sache. Was ist da los? Das Harte und Schmerzhafte im Mund geht gar nicht weg, auch Zunge, Fäustchen und Finger können es nicht beiseite schieben.

Das Zahnen ist zwar nicht der Grund, weshalb das Baby alles in den Mund nimmt, aber wenn es auf etwas herumkaut, mildert das den Druck

138

Manche Kinder bekommen ihren ersten Zahn bereits mit vier Monaten, andere erst mit einem Jahr.

und die Reizung. Von einigen Kindern erfordert das Zahnen eine große Anpassungsleistung an die schmerzhafte körperliche Veränderung, bei anderen schieben sich die Zähne fast unbemerkt heraus.

Wann die ersten Zähne kommen, ist von den Erbfaktoren abhängig. Es gibt Kinder, die Zahnen schon mit vier Monaten, bei anderen ist das erste Jahr fast um, wenn sich das erste weiße Pünktchen durchs Zahnfleisch schiebt. Dann sollte nach einer allerdings nicht sehr verlässlichen Regel etwa jeden Monat ein Zahn kommen. Nach den ersten Zähnen hat sich das Baby an das Unbehagen im Mund gewöhnt und hält sich, wenn es sonst gesund und beschäftigt ist, nicht sehr damit auf. Vieles, was an Quengeleien und Unpässlichkeiten gerne auf „die Zähne" geschoben wird, hat oft noch andere Ursachen.

SCHRITT FÜR SCHRITT IN DIE WELT: DAS 2. LEBENSJAHR

*Das Zahnen, das Essen mit seiner veränderten Bedeutung des Abgren-
zens und Verweigerns, das Stehen und Greifen, die erweiterte Dimension des Selbstempfindens – all das sind große Herausforderungen an
das Kind. Sein Drang nach Entwicklung schiebt es voran und bald tritt
es mit eigenen Schritten aus dem Paradies des ersten Jahres hinaus.
Wenn die erste Geburtstagskerze brennt, ist das im Leben des Kindes
und seiner Eltern ein besonderer Augenblick.*

Laufen und viele neue Schritte

Was das Baby bis zu seinem ersten Geburtstag zusammen mit seinen Eltern geleistet hat, ist eine bewunderungswürdige Sache – eben das „Wunder des ersten Jahres". Zu Recht dürfen sich alle Beteiligten über den
Festtag freuen und stolz auf sich sein.

Das „ideale Baby"

*Kaum ein Baby entspricht
dem „Durchschnitt".*

Da es kein Kind gibt, das dem anderen gleicht, und nicht eines, das
tatsächlich dem „Durchschnitt" entspricht, ist der jeweilige Entwicklungsstand des Babys bei aller Gleichheit der einzelnen Stadien etwas
sehr Individuelles. Der aufregende Weg, den das Baby hinter sich hat,
läuft nicht einfach wie ein Uhrwerk ab. Auf einen Entwicklungsschub
kann ein Stillstand, ein vorübergehender Rückschritt und ein erneuter
stürmischer Schritt nach vorne erfolgen.

Bei aller Unterschiedlichkeit, die jedes Baby schon von Geburt an mit-
bringt und die seinen persönlichen Entwicklungsstil vorbestimmt, gibt es
„durchschnittlich ideale" Bedingungen, unter denen es aufwachsen kann.

Für jedes Baby sind ganz bestimmte Anregungen aus seiner Umwelt „ge-
eigneter" als andere. Das heißt, jedes Baby reagiert besser, wenn die „Bemutterung" auf seine Fähigkeit des Empfangens von Anregungen und
sein Reaktionsvermögen abgestimmt ist. Wir haben gesehen, wie aktiv
und sensibel das Baby diesen „Abstimmungsprozess" mitgestaltet. Natürlich ist jede Mutter zutiefst von dem Wunsch geleitet, ihr Baby zu verstehen, und sie hat auch die Kompetenz, seinen besonderen Stil zu erkennen

Die meisten Kinder beginnen um den ersten Geburtstag herum mit den ersten Gehversuchen.

143

und sich ihm anzupassen. Die Kompetenz des Babys und sein eigener Stil beeinflussen die Umgebung im gleichen Maß, wie es selbst von ihr beeinflusst wird.

Jedes Baby widersetzt sich mehr oder weniger deutlich, wenn man es dazu bringen will, etwas zu lernen, was nicht zu seinem persönlichen Stil passt. Sein Widerstand, hinter dem die ihm eigene Kraft einer ausgeprägten Persönlichkeit steht, wird hoffentlich von seiner Umgebung respektiert. Die Bedeutung des Gleichgewichts zwischen Persönlichkeit und Entwicklung durch erworbene Fähigkeiten kann nicht ausdrücklich genug betont werden.

Wenn ein Kind bereit ist, einen neuen Schritt zu lernen, braucht es nur wenig Hilfe, um das Ziel zu erreichen. Wenn es in diesem Alter einen neuen Schritt in seiner motorischen Entwicklung machen soll, die noch nicht genügend ausgereift ist, muss es dazu wahrscheinlich Energien aufwenden, die ihm in seiner Gesamtentwicklung dann fehlen.

Am erfreulichsten ist es sicherlich, wenn das Baby „dankbar" die Anregungen seiner Umwelt aufgreift, sich kontinuierlich entwickelt, wenn man auf seine Fortschritte sicher und gelassen warten kann, ohne es auf eine Stufe „trainieren" zu müssen.

Es gibt Kinder, die fest entschlossen ihren eigenen Weg in ihrem eigenen Tempo gehen.

Es gibt die ganz schnellen Babys, die, von einer aktiven Unzufriedenheit getrieben, nach Anregungen zu gieren scheinen und den nächsten Entwicklungsschritt schon ansteuern, obwohl sie ihn noch gar nicht meistern können. Babys mit einem starken Vorwärtsdrang haben häufig Probleme, etwas Energie für eine gemäßigtere Forschungstätigkeit abzuzweigen und ihre motorischen Leistungen zu vertiefen.

Empfindliche Babys, die auf die Anregungen ihrer Umwelt sensibel reagieren, entwickeln oft ausgeprägte Abwehrmethoden, beispielsweise eine bedächtige motorische Entwicklung, um ihren persönlichen Stil durchzusetzen. Sie haben diese oft hartnäckige Entschlossenheit, ihren eigenen Weg mit der ihnen genehmen Geschwindigkeit zu gehen, um immer in aller Ruhe die Anregungen aus ihrer Umgebung abzuwarten, um sie aufnehmen und verarbeiten zu können, bevor sie schließlich darauf reagieren.

144

Laufenlernen – Gehen mit gemischten Gefühlen

Jedes Kind muss das ihm gemäße innere Gleichgewicht finden und das einjährige Kind hängt nun in ganz besonderer Weise von seinem äußeren Gleichgewicht ab: Es hat sich aufgerichtet zum Stehen und will nun gehen. Das ganze erste Jahr war es damit beschäftigt, sich gegen die Schwerkraft zu behaupten, vom ersten Kopfheben über das Sitzen und Krabbeln zum Stehen. Es hat die Bestandteile des Laufens ausprobiert und sich auf vielfältige Weise versucht fortzubewegen und aufzurichten. Sein stolzes Lächeln verrät das ungeheure Vergnügen am Stehen. Während es sich an Möbeln entlangtastet, übt es die für das Gehen notwendigen Bewegungselemente Schrittchen für Schrittchen. Das Baby lernt schnell, die einzelnen Teile seiner Bewegungen zusammenzufügen. Es übt zielstrebig, bis es seine Absicht, frei zu stehen, verwirklicht hat. Wenn es schließlich den Mut hat loszulassen, schwankt es – fällt vielleicht hin. Aber es macht weiter und lernt, sein Gleichgewicht halten, und schafft die ersten wackeligen Schritte.

Für das Kind ein Augenblick größter Befriedigung. Es landet strahlend in den Armen von Mama und Papa. Die ersten freien Schritte sind ein unvergesslicher Moment. Von jetzt an wird es mit einem Lächeln äußerster Zufriedenheit und voller Stolz über seine Leistung seine selbstständigen Schritte vom Vater zur Mutter hin und zurück machen.

Das Gehen kann ein Kind ganz in Beschlag nehmen. Es richtet Tag und Nacht seine Energie auf das Ziel, auf den Beinen zu sein. Hinfallen oder Stolpern kann mit peinvollen Erschütterungen des Selbstvertrauens einhergehen und nicht selten gibt es jetzt Tränen.

Viele Eltern müssen erleben, dass an Durchschlafen in dieser Zeit wieder einmal nicht zu denken ist. Andere Entwicklungsbereiche können in dieser Phase stagnieren, das Interesse an Spielsachen, Spiel- und Sprechsequenzen, Bilderbüchern, aufmerksame Anteilnahme am Familiengeschehen, an einem Spielpartner treten vorübergehend in den Hintergrund.

Die Aufregung um das Gehen kann das Kind jetzt fast pausenlos umtreiben.

Es kann jetzt in den Augen der Erwachsenen ganz schön „ungezogen" werden, weil es unvermittelt z. B. das Essen unterbricht, alles von seinem Tischchen fegt, sich aufrichtet, beinahe vom Hochstuhl kippt und runter will. Überhaupt will es jetzt dauernd runter – nachdem es dauernd hoch wollte: auf den Schoß, auf den Stuhl, auf den Tisch, auf das Sofa, auf den Arm, um sich sofort wieder runterzuwinden. Stehen und Laufen sind das oberste Ziel. Essen z. B. kommt erst lange danach.

Viele Kinder machen sich eigene Gehhilfen zurecht, schieben umgekippte Stühle durch die Wohnung wie eine Schubkarre oder schieben mit Vergnügen den eigenen Buggy vor sich her. Sitzroller und Bobbycars kommen ins Spiel – allerdings ist der Vorgang, sich mit den Beinen abzustoßen, etwas anderes, als die Beine zum Gehen zu gebrauchen und das Gleichgewicht zu halten.

Auf den eigenen Beinen zu stehen ist eine aufregende Sache, die auch psychisch bewältigt werden muss.

Psychisch ist die Aufgabe, inmitten einer bewegten Welt das Gleichgewicht zu bewahren, sicher auf den eigenen Beinen zu stehen, eine aufregende Sache. Gehkinder sind unausgeglichener, sie wollen tagsüber nur noch wenig schlafen und die Gewichtszunahme kann sich deutlich verlangsamen. Im Laufe der nächsten Monate wird mit dem Drang, sich fortzubewegen, der innere Widerstreit, den diese Eigenständigkeit erzeugt, heftiger. Das Gehen ist begleitet von „gemischten Gefühlen": Will ich tatsächlich auf eigenen Beinen stehen und fortgehen oder lieber nicht?

Trotzen und andere Gefühlsausbrüche

Während des 2. Lebensjahres spiegelt sich die innere Zerrissenheit in Trotz und Wutanfällen wider – will ich oder will ich nicht? Das Tor zur Eigenständigkeit ist aufgestoßen, die wachsende Erkenntnis, selbst entscheiden zu können, bringt das Kind mitunter in große Nöte.

Entscheidungsnöte

Vieles, was bisher im Zusammenspiel mit Mama „lief", kann jetzt Entscheidungsnöte bringen. Das Baby sperrt sich gegen die alltäglichsten Dinge, alles scheint von dem inneren Widerstreit durchdrungen. „Tu ich's oder tu ich's nicht?" Wutanfälle oder, je nach Charakter des Kindes, diskretes Trotzen und Verweigern begleiten das Kind bis ins dritte Lebensjahr. Deutlich wird, dass es nicht um äußere Anlässe geht, die zu diesem Verhalten führen, sondern das Kind muss seinen inneren Widerstreit durchstehen.

146

Wie sehr kann man jetzt seinem Kind helfen, wenn man prinzipiell davon ausgeht, dass es nicht „unartig" oder gar „böse" ist. Das kann sich etwa in der Haltung äußern: „Ich fühle, wie schlimm es ist, wenn man noch zu klein ist, um die Dinge auseinander zu sortieren. Aber du schaffst es und ich bin bei dir und verstehe dich." Verstehen heißt jetzt auch, mehr und mehr erzieherische Maßnahmen zu ergreifen, Nein sagen, Grenzen setzen, eine feste Haltung einnehmen, aber nicht auf die emotionale Ebene des Kindes rutschen und selbst wütend, zerrissen, chaotisch werden.

Eltern müssen deshalb keineswegs in einer schwierigen Situation ihre liebevolle Einfühlung aufgeben und zu einem kalten, rationalen Gegenüber für das trotzende Kind werden. Aber sie können ihm doch durch ihre freundliche Haltung und innere Entschlossenheit helfen zu erkennen, wie weit es gehen darf, oder ihm eine Entscheidung auch einfach einmal abnehmen. Meistens ist es eine große Erleichterung für das Kind, wenn Eltern einen festen, ihm zugewandten Standpunkt beziehen und es dadurch aus dem Wirrwarr, in dem es sich selbst gefangen hat, befreien: Sie geben ihm Sicherheit.

Es ist für das Kind eine Erleichterung, wenn Eltern eine feste Haltung wahren.

Das Gefühl der Sicherheit, das die Eltern vermitteln können, sind also nicht einfach eine starre Haltung, unnachgiebige Regeln, Belehrungen und vernünftige Führung. Sicherheit bedeutet, dem Kind in diesem Stadium eine stabile, dabei menschliche, lebendige Atmosphäre zu geben, die von Zuverlässigkeit und Berechenbarkeit getragen ist.

In ihrer zuverlässigen Präsenz tun Eltern mehrere Dinge zugleich. Zum einen schützen sie es vor unerwarteten Geschehnissen ihrerseits, vor unwillkommener Einmischung von außen und vor einer Welt, die ihm noch unbekannt ist oder die es noch nicht versteht. Zum anderen schützen sie das Kind auch vor seinen eigenen Impulsen und vor den möglichen Einwirkungen seiner Impulse.

Kleine Nein-Sager

Allerdings müssen die Eltern, vor allem die Mutter, es aushalten, dass diese Sicherheit nun Ziel des Angriffs wird. Das Kind beginnt einen langen Kampf gegen die Sicherheit. Nachdem die Mutter das Kind anfangs vor der Außenwelt beschützt hat, lässt sie diese nun in sein Leben herein.

Das Baby, das nun auf seinen zwei Beinen auf die Welt zumarschiert, nimmt begierig jede Gelegenheit zu impulsiven Handlungen und ungebremsten Gefühlsäußerungen wahr. Es rennt gegen die Sicherheit und Kontrolle an, aber die meisten Eltern verstehen instinktiv, dass zur Entwicklung ihrer Kinder ein gewisses Maß an Rebellion gehört. Sie sind weiterhin die freundlichen Hüter des Friedens, der Regeln und Grenzen und sie wissen, dass Kinder sich immer wieder von neuem vergewissern, ob sie sich auf die Eltern verlassen können.

Glücklicherweise entwickelt das Kind nun immer mehr einen Bereich, in dem auch diese Dinge in der Fantasie und im Spiel durchlebt werden können. Auch hier findet die notwendige Verinnerlichung statt.

Äußere Kontrolle soll zu Selbstkontrolle werden und lebendige Beziehungen schaffen den Raum, den dieses Wachstum braucht. Diese Wachstum führt am Ende zu einem reifen Verantwortungsgefühl.

Verinnerlichen von Grenzen soll zu einem Verantwortungsgefühl reifen.

Eltern sind zunächst dafür verantwortlich, dass ihr Kind auf verlässliche Grenzen stößt, die es dann verinnerlichen kann. Dieser Verinnerlichungsprozess wird viele Jahre dauern und braucht viel Geduld. Grenzensetzen wird jetzt, wenn das Baby selbst beim „Nein-Nein"-Sagen angelangt ist, ein Hauptthema.

Mit der Unabhängigkeit und Selbsterkenntnis, die das Baby beim Gehen empfindet, geht manchmal eine regelrechte Phase des Negativismus einher – alles, was von außen einwirkt, wird erst einmal mit Widerstand beantwortet. Das Baby schüttelt den Kopf und kräht „Nein!", selbst wenn es eigentlich „Ja" meint.

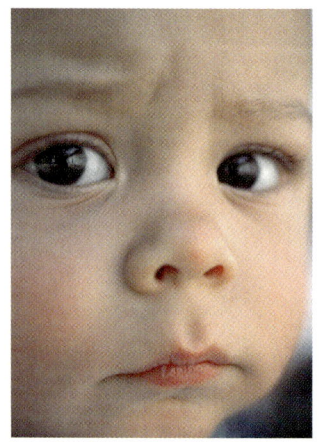

Natürlich finden konfliktfreudige Babys auch heraus, dass Protest gegen irgendetwas, sei es das Wickeln, sei es das Essen, interessante, spannungsreiche Gefühle bei der Mutter hervorruft. Manche Kinder können gar nicht oft genug ausprobieren, wie es sich anfühlt, wenn die Mutter aus der Fassung gerät. Sie werden wahre Stars in Hinwerfen, Strampeln, Trampeln, Schreien.

Ein Wagnis, das nicht alle Babys eingehen – vielleicht weil sie mehr auf ihre innere Balance achten (müssen) oder aber ihre Mütter es nicht so weit kommen lassen. Solche Kinder neigen eher zu hartnäckigem passivem Widerstand.

Jedes Kind muss mit seinem eigenen „Nein" experimentieren dürfen und herausfinden, welche Bedeutung es aus seiner Perspektive hat. Deshalb werden nicht nur am Tag viele Handlungen probeweise mit diesem Singsang und Kopfschütteln begleitet, auch nachts kreist es immer wieder im Köpfchen: „Nein-Nein!" Es übt wichtige soziale Bedeutungen genauso intensiv wie motorische Fähigkeiten.

Alles unter Kontrolle

Das „Nein" markiert ganz deutlich einen Auftakt zu einer neuen Entwicklungsphase im Leben des Kindes. Wenn es laufen und etwas später sprechen lernt, wird es aus der sehr persönlichen intimen Ordnung mit der Mutter auf eine soziale Ordnung hin umorientiert.

Bis jetzt war die Interaktion in erster Linie spontan, spielerisch, von einem gemeinsamen Rhythmus geprägt, in dem es darum ging, zusammen zu sein, sich aufeinander abzustimmen. Jetzt verlangt dieselbe Mutter von dem Kind, sein Verhalten und Tun auf praktische soziale Ziele hin auszurichten. Es will nicht nur, es soll auch selbstständig werden: Sein Spielzeug selber holen, die Tasse selber halten, das Getränk nicht umschütten, das Essen nicht auf den Boden werfen und so weiter. Diese Anforderungen und allgemein gültige Normen, die von der persönlichen Ordnung der Säuglingszeit wegführen, können das Kind nachhaltig irritieren.

Die Mutter verlangt jetzt vom Kind, dass es Dinge selbstständig tun soll.

Auch die Gefühlsintensität, mit der das Kind jetzt seine Abgrenzung und seinen Widerstand erlebt, kann ihm Angst machen. Es ist keinesfalls so, dass das Kind nur eine „Show abzieht" oder ein Ventil öffnet oder eine bestimmte Wirkung erzielen will. Es ist in einer innerlichen Krise und seine Leidenschaft erschreckt es.

Es muss in diesem Aufruhr Halt und Begleitung, ja Trost bekommen. Das Kind aus einer Szene einfach zu entfernen, indem man es in ein anderes Zimmer setzt, ist eine uneinfühlsame Reaktion. Das Kind kann sich noch nicht auf Erfahrungen mit Konfliktlösungen besinnen und fühlt sich

Der Weg zur Selbstkontrolle führt über unerschütterliche Zuneigung.

149

fallen gelassen. Was es aber jetzt in seiner Widerspenstigkeit braucht, sind Eltern, die es halten und zurückhalten, bis es das allein kann.

Eltern wissen von sich selbst, dass der Konflikt zum Normalzustand von uns allen gehört. An jedem Tag unseres Lebens erfahren wir von neuem, dass wir, indem wir eine Sache wählen, auf eine andere wiederum verzichten müssen – „der Kuchen kann nicht gegessen und gleichzeitig behalten werden". Wir stehen also selbst oft vor der Aufgabe, zwischen rivalisierenden Interessen in uns zu entscheiden und diesen Konflikt lösen zu müssen: kaufen oder sparen, essen oder verzichten, flirten oder fliehen etc. Das Baby steht noch ganz am Anfang dieses Lernprozesses.

Die Fortschritte, die ein Baby mit der Regulierung seiner Impulse und seiner Ambivalenz macht, sind von entscheidender Bedeutung für die Entwicklung seiner Persönlichkeit. Wenn alles einen günstigen Verlauf nimmt, wird es nicht nur mit dem Bewusstsein heranwachsen, dass in ihm sehr widersprüchliche Gefühle und Wünsche existieren, sondern auch imstande sein, diese Impulse auszuhalten und zu lenken. Dann sind auch die Angst und die Schuldgefühle, die sie erzeugen, erträglich.

Widerstreitende Gefühle können das Kind aus der Fassung bringen.

Die Eigenständigkeit, die das einjährige Kind probt, und sein Angewiesensein sind zwei Seiten derselben Medaille. Und weil es lernen will, die Dinge auseinander zu halten, wächst sein Bedürfnis nach Distanz. Es will hochgenommen werden und rasch wieder hinunter. Jeden engen Kontakt empfindet es jetzt öfter als Übergriff in seine persönliche Sphäre. Es ist, als müsste es fürchten, die Kontrolle zu verlieren. Es muss auch hier seine Impulse kennen lernen und zwischen Neugier und Selbstschutz ausbalancieren.

Aggressionen

Mehr Klarheit möchte sich das Baby auch über „erlaubt" und „nicht erlaubt", „brav" und „unartig" verschaffen. Es werden ihm jetzt verschiedene Bedeutungsebenen bewusster: Ein Wutanfall hat eine andere Qualität, als etwas Verbotenes zu tun oder die Eltern auf die Probe zu stellen. Diesem Unterschied möchte das Baby auf die Spur kommen. Dazu muss es ganz unmittelbar und wiederholt erleben, wie sich die Forderungen der Realität anfühlen. Da das nicht ohne Frustration gehen kann, empfindet es auch Wut gegen seine Mutter. Es ist ja nicht nur ein kleiner Mensch, angefüllt mit „lieben Gefühlen", es ist auch triebhaft und muss mit seinen aggressiven Impulsen zurechtkommen. Wenn die Aggression sich gegen die Mutter richtet, die ja eigentlich das Objekt seiner Liebe ist, gerät es in heftige Konflikte, denn es ist in seiner Empfindungswelt nicht sicher, wie sehr es die Mutter „beschädigt". Hier haben Schuldgefühle, die man aber in diesem Zusammenhang nicht als gut oder schlecht bewerten sollte, ihren Ursprung und – ganz wichtig – die Fähigkeit, etwas wieder gutzumachen.

Das Baby inszeniert jetzt gerne Szenen, bei denen es sich „ertappt" fühlt. Es vergewissert sich, dass die Mutter sieht, dass es „etwas vorhat", macht sich dann z. B. über verbotene Gegenstände her und testet, wie sie reagiert. Wenn es jetzt „erwischt" wird, kann es schon wie ein „ertappter Sünder" reagieren und erste Ansätze von Reue zeigen.

Das, was jetzt noch ein Spielchen ist, bei dem die Eltern keinesfalls den Humor verlieren dürfen, ist später ein wichtiger Baustein für soziales Verhalten. Selbstverständlich sind diese unschuldigen Szenen, in denen ein Baby austestet, was richtig und was falsch ist, keine „Dummheit", für die es mit strengen Reaktionen rechnen muss. Es geht darum, die zarten Keime eines „moralischen Empfindens" zu hegen und zu pflegen, denn sie werden ein kostbares Gut für das Kind.

Das Kind ist jetzt nicht zu klein, sich mit „gut" und „böse" auseinander zu setzen. Es ist nicht in dem Sinne unschuldig, dass dies alles in seinem Erleben noch nicht vorkommt. Im Gegenteil, man kann das Baby auch unter einem anderen Blickwinkel sehen. Es hat durchaus eine Art angeborener Moralität, die sich aus einem rigiden, nahezu grimmigen Erleben speist. Seine innere Welt ist nicht nur ein kleines sonniges, wonniges Paradies, dort wachsen nicht nur die unschuldigen Pflänzchen der Liebe. In der magischen Welt des Babys wächst auch das Kraut von Wut, Aggressivität, Vergeltung und Zerstörung, die Vorstellung vielfältiger Bedrohungen und Ängste.

Schuldgefühle gehören zur moralischen Entwicklung.

Der Kinderarzt D. W. Winnicott sagt, die kindliche Welt wäre auch ein Ort des Schreckens, wenn da nicht die beschützende Rolle der Mutter wäre, mit deren Hilfe destruktive Impulse und schreckliche Befürchtungen zurücktreten. Die Mutter verwandelt die feindseligen, verfolgenden Elemente, die mitunter das Seelenleben ihres Babys beherrschen, in integrierbare Tendenzen dadurch, dass sie ein verlässliches menschliches Wesen ist. Das Baby ist nicht dem Auf und Ab von Impulsen und Affekten hilflos ausgeliefert, sondern es wird von seiner Mutter verstanden und sie geht darauf mit ihren persönlichen Gefühlen ein. Durch sie erfährt das Baby, dass zerstörerische Impulse nicht wirklich zerstören, in ihrer gleich bleibend liebevollen Haltung findet es Beruhigung und Zuversicht.

Die Mutter hilft dem Kind, mit schlimmen Gefühlen zurechtzukommen.

Liebesbeweise

Diese Verlässlichkeit der Umgebung macht auch den nächsten Schritt in der Entwicklung des Babys möglich: Es möchte etwas zum Glück seiner Eltern beitragen.

Es beschenkt sie zum Beispiel mit einem besonderen Lächeln, das zeigt, dass es Liebe zu empfinden vermag und in diesem Augenblick Liebe für Mutter oder Vater empfindet. Oder es legt die Ärmchen um sie, schmiegt sich in tiefstem Zutrauen an, ein Schluchzer verklingt am bergenden Körper der Eltern. Aber auch Neckereien und Übermut, sogar Haareziehen und Nassspritzen gehören in die Palette der Liebesbeweise.

Mütter fühlen sich von solchen Gesten – wenn eine kleine Hand „ei" macht – unendlich berührt und besänftigt. Deshalb kann das Baby einen weiteren Schritt zur Integration seiner Persönlichkeit tun. Es kann seine „Garstigkeit" oder den Impuls, etwas kaputtzumachen, besser in den Griff bekommen. Es ist in Augenblicken der Erregung nicht mehr seinen Impulsen ausgeliefert, sondern es „kriegt sich wieder ein". Das ist der Anfang der Möglichkeit, die Verantwortung für das eigene Verhalten zu übernehmen.

In der Situation des Fütterns und der Nahrungsaufnahme spielt das Entwickeln dieser moralischen Grundlage ebenfalls eine Rolle. Die Situation des gegenseitigen Gebens und Nehmens verbindet sich mit dem Gefühl der Zuneigung für die Mutter in einer liebevollen Szene des Alltags. Da sind nicht nur Impulse von einerseits rücksichtslosem Hineinstopfen, andererseits von Verschlingen oder Ausspeien, Einverleiben oder Ver-

152

weigern, sondern da sind auch die anderen Gesten des Gebens und Annehmens.

Schuldgefühle

Auf diese Weise entstehen Maßstäbe dafür, was sich gut anfühlt und was sich schlecht anfühlt. Schließlich kann das Kind dank seiner zunehmenden Fähigkeit, unterschiedliche Erfahrungen zusammenzuhalten (zu integrieren), auch konflikthafte Gefühle in seinem Erleben und Verhalten tolerieren. Es hat die Gewissheit, etwas wieder gutmachen zu können.

Auch konflikthafte Gefühle können nun vom Kind toleriert werden.

Unausweichlich sind die Ängste, die einen Konflikt begleiten. Solche Ängste auszuhalten ermöglicht dem Kind, auch mit Empfindungen von „Schuld" umzugehen. Diese „Schuld" muss in dem Sinne verstanden werden, dass das Kind einen Zusammenhang zwischen seinem Handeln und den Folgen herstellen kann. Dann kann es später auch Verantwortung für seine Absichten und Handlungen übernehmen. Es geht also nicht um Schuldzuweisung, Beschämen und Bestrafen.

Die beschriebene Fähigkeit (und es ist eine Fähigkeit, nicht, wie manche glauben, eine lästige Begleiterscheinung), „Schuldgefühle" zu empfinden, wächst in einer Atmosphäre des Vertrauens. Wenn ein Kind imstande ist, ein Schuldgefühl im Sinne von „verantwortlich sein" entwickelt, wird aus der ängstlichen Unruhe oder chaotischen Erregung, die es wegen seiner „schlimmen" Gefühle empfindet, konstruktives Verhalten. Es entstehen Ansätze eines moralischen Empfindens.

Erst wenn sich die grundlegenden Elemente eines Wertgefühls ausgebildet haben, kann das Kind die Billigung oder Missbilligung, mit der seine Eltern reagieren, verstehen. Vorher muss es immer wieder neu durch seine Aktionen in Erfahrung bringen, was sie eigentlich meinen.

Eltern müssen ihren Stil finden, wie sie ihre Maßstäbe in die Auseinandersetzungen mit dem Kind einbringen. Sie müssen ihrem Kind Raum geben, damit es sowohl die Gefühle der Zerrissenheit, seine aggressiven Impulse als auch seine Bereitschaft zu Reue und Wiedergutmachung bewältigen kann. Seine Konflikte brauchen ihre Gelassenheit ebenso wie ihre Vorstellung von Disziplin. Je mehr es im Laufe des 2. Lebensjahres seine Erfahrungen von sich selbst und seiner Umwelt zusammenfügen und zusammenhalten kann, desto mehr kann es sich als ein „Ich" mit den „anderen" fühlen. Es wird „mein" und „dein" unterscheiden lernen und die Gefühle seiner Mitmenschen deutlicher wahrnehmen und einschätzen können. Es beginnt sich in sie einzufühlen und sich selbst in Beziehung zu anderen zu erleben.

Wie geht es voran?
Der Alltag des 1½-Jährigen

Es überrascht nicht, dass ein Kind in diesem Alter, in dem solche komplexen inneren Entwicklungen stattfinden und in dem es mit einem rasant wachsenden Begriffsvermögen seine Umgebung erkundet, Ängste und Irritationen dramatischer werden.

Täglich neue Erfahrungen

Die vielen neuen Erfahrungen und Anforderungen, denen das Kind ausgesetzt ist, machen ihm oft Angst, sodass es sich gerne an Mutter oder Vater klammert.

Das Kind hängt stärker denn je wieder am „Rockzipfel", schnullert und braucht seinen ständigen Begleiter, ob Stofftier, ob Schmusewindel, den lieben langen Tag. In einigen Bereichen des Lernens schalten manche Kinder einen „Schongang" ein oder machen gar einen Rückschritt in ein früheres Verhaltensmuster, um Energie für die emotionale Anpassung zu sparen. So manches Kind hat jetzt eine Riesenangst vor dem Baden, dem Haarewaschen, dem Wasser, das übers Gesicht läuft, und vor allem, was sonst noch aus dem Gleichgewicht bringen könnte. Ebenso möchte es seine Mutter mit ihrem Kommen und Gehen unter Kontrolle behalten. Abschiednehmen macht ihm viel aus, es möchte selbst gehen und wiederkommen. Die Vorstellung der Objekt- und Personenpermanenz sind immer noch nicht ganz selbstverständlich. Es muss sich oft vergewissern, ob die Mutter im anderen Zimmer noch da ist. Es ruft und macht Geräusche, um sie herbeizulocken.

Das Sprachverständnis macht Fortschritte

Das Kind versteht schon Aufforderungen und kleine Bitten und schleppt bereitwillig gewünschte Dinge heran. Mit wachsender Begeisterung übt es seine Silben und einige Wörter wie „Mama, „Papa", „Beebie" oder

„nein-nein" lassen sich schon unterscheiden, auch eigene Wortschöpfungen für wichtige Gegenstände oder Familienmitglieder. Alles, was sich bewegt, Tiere und Autos, bekommt Namen, meist nach den Geräuschen die sie erzeugen.

Auch beim Spielen – wenn es nicht gerade mit Laufen beschäftigt ist – entdeckt das Kleinkind neue Methoden. Es fängt an zu sammeln, versucht jetzt nicht mehr nur einen oder zwei Gegenstände zu packen und zu tragen. Es möchte mehr mit sich schleppen, verstaut Sachen in der Armbeuge, im Mund, möchte mehr in den Händen tragen. Es zeigt eine große Vorliebe für das Aus- oder Einräumen von Behältern jeder Art, also auch Schubladen, Bücherregale und andere Sammlungen.

Das „Fort-Da"- und „Guck-Guck"-Spielen stehen noch hoch im Kurs. Das Interesse am Imitieren und Nachahmen wächst. Der Nachahmungstrieb ist jetzt im 2. Lebensjahr am stärksten. Man kann sich dieses Bedürfnis zunutze machen und dem Kind einige kleine Verrichtungen des Alltags, wie Händewaschen, Zähneputzen u. Ä. beibringen.

Beim Spielen entdeckt das Kleinkind nun neue Methoden.

Das ist ein wichtiger Entwicklungsschritt, als es auf den ersten Blick scheint. Denn hier eignet sich das Kind durch die „verzögerte Nachahmung" (Piaget) den Gebrauch von Gegenständen an.

Es spielt Situationen nach, die es einige Zeit vorher erlebt hat. Über diese verzögerte Nachahmung entsteht die innere Vorstellung einer Handlung und damit ist der Schritt zum symbolischen Denken getan. Das Spielzeug, z. B. der Teddy, kann jetzt als Handlungsobjekt gebraucht werden: Der Teddy bekommt aus dem Fläschchen zu trinken. Die Weitergabe dieser Handlung an den Teddy bedeutet, dass das Kind nun fähig ist, sie als Erfahrung zusammenzufassen und im Gedächtnis zu speichern. Diese innere Vorstellung ist nun unabhängig von den zeitlichen und örtlichen Gegebenheiten und auf neue Situationen übertragbar.

Wenn es mit dem freien Gehen besser klappt, kann das Kind Spielen und Laufen miteinander verbinden. Jetzt lässt sich ein Spielzeug an der Schnur mit sich ziehen, Sachen können besser herumgetragen werden. Allmählich müssen die Arme nicht mehr zum Ausbalancieren benutzt werden, dadurch sind sie frei und das Gehen selbst kann mit anderen Beschäftigungen verbunden werden.

Die ersten richtigen Schuhe sind eine symbolträchtige Errungenschaft – vor allem für die Eltern. „Lauflernschuhe", besonders solche mit sehr starren Sohlen, in die das Baby noch hineinwachsen soll, sind aber eher ein Hindernis denn eine Hilfe. Am sichersten fühlt sich das Kind, wenn es mit Fußsohle und Zehen Boden unter den Füßen spürt. Später sind Schuhe notwendig, um den Fuß zu stützen, vorerst suchen die Zehen am Boden Halt und kräftigen damit das Fußgewölbe. Barfußlaufen ist die beste Übung für Füße und Beine. Der breitbeinige Entengang mit vorgestrecktem Bauch und Hohlkreuz geht allmählich in ein ausgeglicheneres Gehen über, bei dem die Füße schließlich parallel stehen. Zwei, drei Monate später kann das Kind über den Kopf greifen und nach oben schauen.

Der erste Versuch mit Tasse und Löffel kann mit 15 Monaten gemacht werden.

Kein Theater mit dem Essen

Das Essen ist nach wie vor ein heikles Thema. Babys in diesem Alter sind mäkelig und haben ausgeprägte Vorlieben und Abneigungen. Es funktioniert am besten, wenn Mütter sich so weit wie möglich aus den

Mahlzeiten heraushalten können und dem Kind genügend Freiraum für eigenständige Entscheidungen lassen. An einen ausgewogenen Speiseplan ist sowieso nicht zu denken und es ist besser, sich mit einem Minimalbedarf anzufreunden und im Übrigen nicht zu glauben, man hätte völlig versagt, wenn das Kind nicht genügend isst.

Mit 15 Monaten ist das Baby soweit, den richtigen Umgang mit Tasse und Löffel zu lernen. Falls die Eltern ihm nicht den Spaß verderben, wächst dabei sein Vertrauen in die eigenen Fähigkeiten. Es kann ja beides machen, mit den Händen essen und mit seinen Gerätschaften üben.

Das eigentliche Problem beim Theater um das Essen besteht darin zu akzeptieren, dass ein Kind dieses Alters gerne die Kontrolle darüber hätte, was es isst. Jeder Druck und jeder Trick sind eine sichere Methode, ernstere Probleme heraufzubeschwören. Das Risiko, dass sich die Konflikte ums Essen zu Dauerproblemen auswachsen, ist größer, als das Risiko, das Kind könnte (heutzutage) durch Mangelernährung Schaden nehmen.

Für das Baby sind jetzt die „Launen" beim Essen so eng mit der Differenzierung seiner selbst von der Umwelt verbunden und Bestandteil seines Negativismus, dass man es mit Zwang in eine ausweglose Lage drängt.

Dauernuckeln beeinträchtigt selbstverständlich den Appetit und den Umgang mit den Mahlzeiten. Es hat jedoch noch einen anderen verheerenden Aspekt: Während sich im 2. Lebensjahr das Gebiss ausbildet, setzt der unentwegte Schluck aus der Saftpulle die Zähne einer Dauerumspülung durch die saure Zuckerlösung aus. Alle Fruchtsäfte enthalten sehr viel Zucker und Säure und können massiv das Gebiss angreifen. Die Nuckelflasche sollte keinesfalls zum Schnullerersatz werden.

Das ständige Nuckeln an einer Flasche beeinträchtigt den Appetit des Kindes.

Jedes Kind ist einzigartig

Im 2. Lebensjahr verdeutlichen sich die Unterschiede zwischen Kindern – sie werden jetzt zu ausgeprägten Persönchen durch ihre eigenwillige Art, ihre Fortschritte zu meistern. Die aufmerksamen, ruhigen Kinder werden noch bedachtsamer und halten unbeirrbar an ihrem Rhythmus fest. Aktive, lebhafte Kinder sind immer in Bewegung, können kaum stillsitzen und lechzen danach, ihre kognitiven Fortschritte zu demonstrieren. Oft können sie ihre Aufmerksamkeit nur kurze Zeit auf etwas bestimmtes richten. Die Energie von zurückhaltenderen Kindern fließt eher in die Entfaltung ihres feinmotorischen Geschicks und ihre Beobachtungsgabe. Bedenklich ist es, wenn Eltern die Variationsbreite einzelner Charaktere nicht akzeptieren können und bang nach dem „Durchschnittskind" schielen. Sie sollten aber auf die Einzigartigkeit ihres Kindes schauen und auf seinen Entwicklungsstil vertrauen. Unter Druck wird sich das Kind bald mit den Zweifeln an seinen Fähigkeiten identifizieren. Die Freude an seiner Eigenart und die Zuversicht der Eltern leben in dem Kind weiter und werden ihm helfen, alles, was in ihm bereitliegt zu entfalten.

Der Bewegungs- und Forschungsdrang ist jetzt kaum mehr zu bremsen. Bis das Kind etwas ruhiger wird, dauert es noch, bis dahin belohnt es die Eltern mit seinen Fortschritten. Besonders sichtbare Schwerpunkte in der Entwicklung sind jetzt das Laufen, die feinen Bewegungen der Hände und Finger und der Spracherwerb.

In dieser Phase der Loslösung und Individuation kann das Kind bereits mehr Kontrolle über seine körperlichen Funktionen ausüben und entwickelt einen großen Stolz auf sein körperliches Funktionieren: Das Kind ist „verliebt in die Welt" und in seine eigen Größe und scheinbare Allmacht.

Durch Neugier und seine vielfältige Aktivität lernt das Kind von selbst weiter.

Seine neuen, durch die Reifung kognitiver und motorischer Funktionen bedingten Errungenschaften und Entdeckungen möchte es oftmals umgehend mit seiner Mutter teilen und ist enttäuscht, wenn diese nicht gleich zur Stelle ist. Wenn es vielseitige Erfahrungen machen kann und auf sein Verhalten und seine Fragen ein Echo bekommt, braucht man ihm gar nicht etwas „beizubringen". Es lernt entsprechend seiner Neugier und durch seine vielfältigen Aktivitäten weiter. Dazu braucht es Eltern, die es nicht allzu sehr einschränken.

Spiele, Spielsachen, Spielpartner

Das Spiel ist ein sehr wirkungsvolles Lerninstrument. Das Kind erprobt darin viele verschiedene Situationen und Handlungen und sucht nach den besten Varianten.

Die Wahrnehmung und das Denken entwickeln sich durch diese Aktivitäten weiter. Das Kind erfährt in seinen Spielformen, dass Gegenstände ganz unterschiedlich beschaffen sind. Es kann sich etwas vorstellen, wenn z. B. von der harten Tischkante, dem weichen Kissen oder dem schweren Bagger die Rede ist.

Es weiß sich zu helfen, wenn es an ein entfernt liegendes Spielzeug herankommen will und hat gelernt, dass das Licht an und ausgeht, wenn es mit dem Schalter knipst. Ob es ein Spielzeug „richtig" oder „falsch" benutzt, ist ihm ziemlich egal, es will das Ding an sich in all seinen Dimensionen kennenlernen. Wenn es ein Auto oder eine Puppe auseinander nimmt, will es herausfinden, was da drinsteckt.

Mit zu viel Spielzeug ist es überfordert. Es kann sich nur mit wenigen Dingen gründlich beschäftigen und es kann sein Spielzeug nur dann gut kennenlernen, wenn es oft damit spielt. Sinn macht jetzt nicht so sehr die Abwechslung sondern die Vertiefung in eine Sache.

Mit viel Ausdauer bewegt das Kind kleine Autos hin und her, legt Gegenstände über- und nebeneinander und reiht sie aneinander; es schaufelt etwas in sein Eimerchen und kippt es wieder aus. Es pickt mit seinen Fingerchen Kügelchen auf und füllt sie in eine Flasche und weiß, wie es sie wieder ausleeren kann. Es hat Spaß am Bauen von Türmen und Stapeln von Gegenständen.

Bei diesen Tätigkeiten ist das Kind sichtlich zufrieden und kauderwelscht vergnügt vor sich hin. Gern verfolgt es auch die Bewegung von Dingen, z.B. von Kugeln, die eine Bahn hinuntersausen, Seifenblasen, die zum Hinterherlaufen verlocken, wenn sie durch die Luft davonschweben.

Das Spazierengehen wird jetzt zu einer Erkundungs- und Spielstrecke. Den Kinderwagen mag es lieber selbst schieben, als sich darin fahren zu lassen. Alles mögliche muss jetzt eingehend untersucht werden – Hofeingänge, Treppenstufen, Steinchen, Klingelknöpfe und Briefkastenschlitze. Daran schnell weiterzukommen ist gar nicht zu denken. Aus dem Spazierengehen wird jetzt eher ein „Spazierenstehen". Bestimmte Wege, die das Kind kennt, sind besonders beliebt, weil es schon weiß was es dort an Schönem erwarten kann. Es möchte an der Hand auf Mäuerchen balan-

Spazierengehen kann sich in diesem Alter zum „Spazierenstehen" entwickeln.

159

Die meisten Kinder gehen jetzt gerne auf Entdeckungsreisen in der Natur.

cieren, erste Hopser von Treppenstufen werden geübt, Rampen unermüdlich auf und ab gestiefelt.

Ausgiebige Entdeckungsreisen auf dem Bauernhof und in die Natur sind jetzt besonders herrlich. Gerüche und Geräusche werden genau wahrgenommen und unterschieden, es kann sich merken, wie das Heu riecht, Fell oder Gras sich anfühlt; Tiere machen einprägsame unterschiedliche Töne und ein Traktor mit seinem lauten Geknatter ist einfach grandios. Auch zu Hause liebt das Kind lärmende Geräusche und mit verschiedenen Haushaltsgeräten lässt sich ein tolles Spektakel veranstalten.

Die Zeit der Musik- und Hörkassetten beginnt, Kinderlieder machen großes Vergnügen und man sollte die Zeit jetzt nützen, um sein eigenes Repertoire zu erweitern, denn Musik, Singen, Tanzen, nach Rhythmen

160

Klatschen und Bewegen, all das sind große Lernchancen für das Kind, verbunden mit dem Spaß, den es daran hat.

Die liebsten Spielpartner sind meist noch die Eltern und es kommt oft auf sie zu, um zum Mitmachen aufzufordern. Bilderbücher anschauen und vorlesen, immer wieder bestimmte Figuren oder Sätze wieder erkennen sind nicht nur kurzweilige gemeinsame Beschäftigungen. Das Kind bekommt einen Zugang zu Büchern, die später zu seinen wichtigsten Begleitern werden können.

Nach dem „funktionellen Spiel", in dem das Kind nachahmt, wie ein bestimmter Gegenstand zu benutzen ist (es bürstet sich z. B. die Haare), verwendet es jetzt im „repräsentativen Spiel" diesen Gegenstand an einer anderen Person: Jetzt bekommt Papa die Haare gebürstet. Oder die Puppe bekommt die Tasse hingehalten. Diese Spielform erweitert das Kind in einem nächsten Schritt und es stellt sich dann vor, die Puppe trinke nun aus der Tasse.

Das „funktionelle Spiel" wechselt zum „repräsentativen Spiel".

Um das 2. Jahr herum beginnen Kinder bestimmte Handlungsabläufe darzustellen, die zu einer Alltagssituation gehören. Dieses „sequenzielle Spiel" stellt dann beispielsweise die Sequenz Kochen und Essen dar – es wird gekocht, das Puppengeschirr gedeckt, die Puppe zum Essen an den Tisch gesetzt. Beim „symbolischen Spiel" wird die Puppe z. B. durch die Luft bewegt und das Kind tut so, als säße sie im Flugzeug. Aus dem „symbolischen Spiel" wird im Alter von 4 oder 5 Jahren das Rollenspiel.

Mit etwa 20 Monaten erwacht auch die Erkenntnis, dass Gegenstände aufgrund verschiedener Eigenschaften gleich oder verschieden sein können. Das Kind sortiert und gruppiert Spielsachen und Dinge nach bestimmten Eigenschaften: Alle Spielzeugautos werden in einer Reihe aufgestellt, Figuren werden auf einen Haufen getan, Puppenmöbel werden an einen Ort gerückt, Teller an einen anderen. Dieses Kategorisieren ermöglicht dem Kind bald, einfache Grundformen wie Kreis, Quadrat, Dreieck voneinander zu unterscheiden und richtig zuzuordnen. Etwa im gleichen Alter kann man mit einfachen Steckpuzzles beginnen.

Mama und Papa sind auch wichtige Partner im Geben-und-Nehmen-Spiel, wenn z. B. ein beladener Laster hin- und hergerollt und be- und entladen wird, oder der Ball hin- und hergeschubst, ein Spielzeug gegeben und genommen wird und so fort. Faszinierend sind für das Kind vor allem auch die Erwartungen an das Verhalten der anderen Person.

Ruppige Kontaktfreude

Jetzt ist der Kontakt zu gleichaltrigen Kindern gefragt.

Jetzt beginnt das Alter, in dem andere Kinder wirklich interessant werden. Es braucht den Kontakt zu Gleichaltrigen und lernt durch Nachahmung sehr viel. Die Zeit ist reif, um aus dem Kokon der Mutter-Vater-Kind-Idylle herauszutreten und sich auch auf den oftmals ruppigen Kontakt mit Gleichaltrigen einzulassen. Das Kind beginnt jetzt auf einer bewussteren Stufe sich selbst in Beziehung zu anderen zu erleben. Oft spielen die Kinder eine längere Zeit nebeneinander her oder besser gesagt sie spielen parallel und haben sich dabei durchaus im Augenwinkel. Obwohl sie einander nicht direkt beobachten, kopieren sie ganze Spiel- und Kommunikationssequenzen. Wenn Kinder einander so direkt nachahmen, laufen umfassende und intensive Lernprozesse ab.

In ihrem Verlangen, die Reaktion anderer auszuloten gibt es auch Reibereien und Zank. Es wird an den Haaren gezogen, gekratzt, gebissen, geschubst. Der Nachahmungstrieb, das zunehmende Habenwollen und Besitzstreben führen dazu, dass Kinder dieses Alters immer genau das tun und haben wollen, was das andere Kind tut oder hat.

Auch wenn es schwer fällt, unter den Blicken anderer Mütter das eigene Kind, das vielleicht gerade der „Missetäter" war, in Schutz zu nehmen und zu verstehen, ist das jetzt wichtig. Denn das Verhalten des Kindes ist nicht im eigentlichen Sinne aggressiv gegen andere gerichtet, sondern das Kind ist überfordert und hat den Überblick verloren. Durch ihr schimpfendes Eingreifen verstärken Erwachsene das aggressive Verhaltensmuster und bei der nächsten Gelegenheit passiert wieder dasselbe.

Zum Glück sind Kinder dieses Alters nicht nachtragend und mit der Zeit lernen sie, miteinander auszukommen. Kleine Attacken sind für das Kind darüber hinaus ein Mittel, seine Interessen durchzusetzen, sich seiner eigenen Kraft zu vergewissern oder Aufmerksamkeit zu erreichen. Es können auch unbeholfene Versuche der Kontaktaufnahme sein. Die Bildung des eigenen Gewissens dauert viele Jahre.

Das Kind will und kann allmählich lernen, sich rechtzeitig zu bremsen. In ebenbürtigen Beziehungen zu anderen Kindern lernt es das am besten. Wenn Erwachsene sich allzu schnell einmischen, stören sie diesen Lernprozess.

Der Spracherwerb

Die Fähigkeit zum „symbolischen Spiel" beginnt wie beschrieben zwischen dem 15. und 18. Lebensmonat und leitet zum Spracherwerb über. Die geistigen Vorgänge, die dem symbolischen Spiel zugrunde liegen, lassen zum ersten Mal auf Denkoperationen schließen. Die Periode der „sensomotorischen Intelligenz" im Sinne von Piaget geht dem Ende entgegen und es beginnt die Periode des vorbegrifflichen und symbolischen Denkens.

Voraussetzungen des Sprechens

Die früheste Periode der kognitiven Entwicklung nannte Piaget die „sensomotorische Periode", weil sich die Intelligenz des Babys zunächst in seiner Wahrnehmung über die Sinne und seinen motorischen Aktivitäten zeigt. Die verschiedenen Verhaltensmuster werden von dem Kind immer wieder geübt, bis sie beherrscht werden. Angetrieben von der hierarchischen Bewegung des Wachstums erscheinen sie aufs Neue in komplizierterer Form.

In knapp zwei Jahren hat das Kind eine wahre Revolution hinter sich gebracht. Es hat vor allen Dingen eine Vorstellung von der Personen- und Objektkonstanz gewonnen, es weiß nun, dass Dinge und Menschen eine dauernde, von seiner Wahrnehmung unabhängige Existenz besitzen. Es hat auch eine einfache Vorstellung von Ursache und Wirkung entwickelt. Es hat entdeckt, dass bestimmte Aktionen zu bestimmten Resultaten führen. Beim Experimentieren mit Gegenständen hat es die Anfänge eines Raum-Zeit-Begriffs erworben. Es kann seine Spielsachen lokalisieren und weiß, dass tägliche Ereignisse eine bestimmte Reihenfolge haben.

In knapp zwei Jahren hat das Kind eine wahre Revolution hinter sich gebracht.

All diese Entdeckungen haben in ihm ein Selbstempfinden vertieft, das sich selbst als eine von anderen Menschen getrennte Person wahrnehmen kann. Es hat angefangen, geistige Bilder über eine unmittelbare sinnliche Erfahrung hinaus festzuhalten, und kann kommende Ereignisse vorwegnehmen. Das Kind beginnt, sich Dinge mithilfe von Zeichen und Symbolen vorzustellen. Es kann über Sachen und Personen kommunizieren, die nicht mehr anwesend sind.

Diese Veränderungen der Weltsicht werden durch das Konzept der „verschobenen Nachahmung" von Piaget illustriert. Wenn ein Kind von ungefähr 20 Monaten einen anderen Menschen bei einem Verhalten beobachtet, das es selber noch nie ausgeführt hat, wird es dieses Verhalten wahrscheinlich noch am selben Tag oder einige Tage später imitieren. Damit das Kind zu solchen Nachahmungen in der Lage ist, muss es das, was es erlebt hat, in sich festhalten, „abbilden" können. Diese Repräsentation muss im Langzeitgedächtnis gespeichert sein und auch abgerufen werden können. Das Kind verfügt bei seiner Nachahmung über zwei Versionen – einmal das, was es sich gemerkt hat, und dann die eigene reale Ausführung einer Handlung. Es muss zwischen beiden hin und her schalten können.

Verhaltensweisen von Erwachsenen werden imitiert und im Gedächtnis gespeichert.

Ein Kind dieses Alters beginnt sich selbst von „außen" betrachten zu können (ein Erwachsener würde sagen, er versucht sich selbst objektiv zu sehen). Bis zum Alter von 18 Monaten scheinen Kinder nicht zu wissen, dass sie im Spiegel ihr eigenes Bild sehen. Später wissen sie es.

Man hat es z. B. durch das Experiment mit dem „roten Fleck" nachgewiesen, in dem man Kindern, ohne dass sie es merkten, einen roten Fleck ins Gesicht tupfte. Wenn kleinere Kinder ihr Spiegelbild erblickten, zeigten sie auf den roten Fleck im Spiegel, nicht auf sich selbst. Sind sie etwa 20 Monate alt, so tasten sie im eigenen Gesicht nach dem roten Fleck.

Sie merken nun, dass sie auch in einer Form repräsentiert werden können, die außerhalb von ihnen selbst existiert: im Spiegel, aber auch auf Fotos, Tonband- oder Videokassetten, aber auch im Kopf von anderen Menschen.

In dieser Entwicklungsphase können Kinder beginnen, wenn sie von sich selbst sprechen persönliche Fürwörter zu gebrauchen („meins") oder manchmal den Eigennamen. Sie beginnen nun auch zu realisieren, dass es Jungen und Mädchen gibt und sie zu einer Gruppe gehören.

164

Wenn das Kind zu sprechen beginnt ...

Wenn kleine Kinder schließlich zu sprechen beginnen, haben sie schon eine beträchtliche Weltkenntnis erworben. Das betrifft nicht nur die Funktionsweise unbelebter Dinge und ihres eigenen Körpers, sondern auch den Hergang sozialer Interaktionen. Der Spracherwerb ist ein großer Schritt in Richtung Abgrenzung und Selbstständigkeit, dessen Bedeutung mit der des Laufenlernens zu vergleichen ist.

Andererseits kann der Spracherwerb mit seinen neuen Verständigungsmöglichkeiten Zusammengehörigkeit und Nähe ungemein stärken. Das Kind und zunächst seine Eltern verfügen nun über ein neues Medium des Austausches, durch das sie neue gemeinsame Bedeutungen hervorbringen können. Für das Kind bedeutet der Erwerb der Sprache, dass es Eingang in eine größere Kulturgemeinschaft findet.

Das eigentliche Kennzeichen der Sprache liegt darin, dass Wörter und Sätze losgelöst von inneren und äußeren Gegebenheiten verwendet werden (Piaget). Sie können in immer neuen Zusammenhängen benutzt werden. Dadurch erhält die Sprache ihre unerschöpfliche Kreativität und unermessliche Produktivität.

Kinder erwerben Sprache eigenständig im intensiven Austausch mit den Eltern, Geschwistern und anderen Bezugspersonen. Sie eignen sich die Sprache an, indem sie zuhören und das Gehörte mit Personen, Gegenständen und Vorgängen in ihrer Umwelt sowie ihren Handlungen in Beziehung bringen.

Das Sprechen des Kindes ist nicht einfach Nachahmung – es lernt nicht Wörter und Sätze auswendig. Es ist seine ganz persönliche Leistung, aus seinen sprachlichen Erfahrungen Regeln über den Aufbau der Sprache abzuleiten. Das Kind hat ein inneres Bedürfnis, Ordnung in seine Sprache zu bringen.

Piaget hat nachgewiesen, dass in den ersten Lebensjahren sich zuerst das Denken, dann erst die Sprache entwickelt. Die geistigen Einsichten des vorbegrifflichen und symbolischen Denkens sind die Voraussetzungen für das Sprachverständnis und die Entwicklung des sprachlichen Ausdrucks. Zuerst entwickelt das Kind eine innere Vorstellung, dann versteht

Der Spracherwerb ist ein großer Schritt in Richtung Abgrenzung und Selbstständigkeit.

es den sprachlichen Begriff, der die Vorstellung bezeichnet, dann wendet es schließlich den Begriff an.

Das Sprechen des Kindes entwickelt sich in seinen Beziehungen. Von Anfang an werden die notwendigen Handgriffe und Alltagsverrichtungen mit freundlichem oder zärtlichem Reden begleitet. Das Baby „antwortet" auf seine Weise. In diesem Hin und Her von Schmusen und Necken, Weinen und Trösten, Glucksen und Sprechen sind Eltern und Baby ganz aufeinander eingestellt. Das Baby lernt dabei auf lustvolle Weise.

Wie früh ein Kind zu sprechen anfängt, hängt von seiner Umgebung und von seiner Veranlagung ab.

Wenn es dann früher oder später sprechen lernt, hängt das jedoch nicht allein von seiner Umgebung ab, sondern auch von seiner Veranlagung. Neben den Erbfaktoren spielen auch das Geschlecht und die Geschwisterfolge eine Rolle. Früh sprechende Kinder zeigen oft große Freude am Reden und bekommen entsprechend ihrer Gesprächsbereitschaft viel Resonanz.

Andere Kinder sind so mit ihren Geschäften des Hantierens und Spielens beschäftigt, dass sie nicht viel reden oder fragen. Wieder andere sind dauernd auf Achse und so von ihren motorischen Übungen in Anspruch genommen, dass für viel Sprechen keine Zeit bleibt.

Ganz entscheidend für jedes Kind ist die Haltung der Eltern. Sie fördern durch eine akzeptierende Erziehungshaltung die Sprachentwicklung und spornen das Kind an, Fragen zu stellen. Ihr Interesse am kindlichen Spiel, ihre innere Bereitschaft zur Kommunikation wecken und fördern die Freude am Sprechen. Eltern, die ihr Kind unentwegt korrigieren und zum Wiederholen anhalten oder nicht zuhören können, sind Hemmnisse für eine positive Sprachentwicklung.

Das Kind braucht unendlich viele Möglichkeiten, die Sprache auszuprobieren, sie bei Alltagsbeschäftigungen und im Spiel mitzuerleben und anzuwenden. Bei den meisten Kindern hat die frühe Sprachentwicklung einen sprunghaften Charakter. Der Wortschatz wächst nicht kontinuierlich, sondern in Schüben. Gelegentlich kann es auch zu einer Pause kommen, z. B. wenn das Kind in einem anderen wichtigen Bereich wie dem freien Gehen Fortschritte macht. Untersuchungen zeigen auch, dass Mädchen in ihrer Sprachentwicklung im Durchschnitt rascher sind als Jungen.

Der kleine Sprech-Schatz

Gegen Ende des 2. Lebensjahres haben Kinder einen Wortschatz von etwa 20 sinnvollen Wörtern und beginnen Zweiwortsätze zu bilden. Sie sagen z. B. „Papa adda", also Papa geht weg, und zeigen damit, dass sie schon Personen mit deren Handeln verbunden wahrnehmen und benennen können.

Das Kind kann nun eine Person einem Ort zuordnen und kann seine Wünsche und Absichten äußern. Wenn es sagt „Lisa tinken" (Ich, Lisa habe Durst und möchte etwas trinken), ist das mit dem Bewusstwerden der eigenen Sinnesempfindungen verbunden. Das Kind nimmt sich als Person wahr. Jetzt kann es auch bestimmte Gegenstände bestimmten Personen zuordnen, „Schuhe Mama" etc. Von nun an entfaltet sich ein endloses Interesse an Namen und Bezeichnungen von Gegenständen: „Das?" oder „Das da? – Papa?", „Ja, das ist Papas Brille", und so fort. Das Fragealter hat begonnen.

Die meisten zweijährigen Kinder sprechen von sich, indem sie ihren Vornamen gebrauchen. Oft benutzen sie den Begriff „meins!" schon sehr ausdrucksvoll, um darauf hinzuweisen, was ihnen gehört.

Wünsche und Absichten können nun verbal geäußert werden.

167

Auch wenn ein Kind noch nicht so gut spricht, kann sein Sprachverständnis schon sehr weit fortgeschritten sein. Es schaut so drein, als ob es schon alles verstünde, was man ihm erzählt. Im Bilderbuch erkennt es viele Figuren und Szenen wieder und weiß einzelne Begriffe. Es kann seine Nase, seinen Bauch, seine Händchen zeigen, wenn man es danach fragt. Es versteht auch etwas kompliziertere Aufträge wie: „Hebe den Teddy auf und lege ihn auf das Bett."

Die meisten Kinder entwickeln einen eigenen Sprechjargon, in dem einzelne Lautfolgen noch keine richtigen Wörter sind. Häufig werden Konsonanten wie „R", „S" oder „K" und „G" noch nicht deutlich ausgesprochen oder durch andere Buchstaben ersetzt, z.B. „dib" statt „gib". Meist werden solche Hürden spätestens im Vorschulalter genommen. Es ist aber wichtig, dem Kind zu helfen, wenn es von Außenstehenden nicht verstanden wird, damit es nicht enttäuscht ist über seine Sprechleistung.

Wenn ein Kind auffallend undeutlich spricht, braucht man viel Geduld. Wörter und Sätze müssen wiederholt werden („Bille?", „Ja, das ist die Brille"), damit sich das Kind alles gut einprägen kann. Das kann nur freiwillig und ohne großen Druck funktionieren. Wenn das Kind kommt, um etwas Wichtiges mitzuteilen, sollte man nicht nur mit einem „halben Ohr" zuhören und nebenher mit anderen Dingen beschäftigt sein. Kinder merken sehr genau, ob jemand ihre Mitteilung wirklich aufnimmt und es ernst damit meint.

Sprechen ist eine eigenständige Leistung des Kindes, das es in seinen Beziehungen erlernt.

Kinder, die nicht so toll sprechen, verleiten ihre Eltern oft dazu, schnell in die Bresche zu springen, sie geben die Antwort lieber schnell selbst. Sehr viel besser für das Selbstbewusstsein des Kindes ist es, ihm Zeit zu geben und mit auch für andere Personen erkennbarer Geduld und Unterstützung seine Antworten abzuwarten. Eine akzeptierende Grundhaltung ist wichtig. Man kann inhaltliche Aussagen mit dem Kind besprechen, aber muss sich mit der Korrektur seiner sprachlichen Form zurückhalten. Kinder verstehen immer weit mehr, als sie in Worten ausdrücken können.

Nicht in der Norm?

Wenn Sie Ihr Kind in all den bisher beschriebenen Verhaltensweisen nicht recht wieder erkennen, wenn ihnen sehr unbehaglich bei dem Gedanken wird, was es „angeblich" schon alles können soll, und sich Zweifel einschleichen, wenn Sie Ihr Kind erleben, gehen Sie über diese Sorgen nicht hinweg. Vieles „wächst sich aus", aber nicht alles.

Lassen Sie sich einen Termin für ein ausführliches Gespräch bei Ihrem Kinderarzt geben. Sollte es Hinweise auf Entwicklungsverzögerungen geben, dann können Sie viele Angebote der Förderung nutzen.

Mit seinem Kind eine Therapie oder Förderung zu machen ist nicht etwa nur etwas für „Doofe". Im Gegenteil, Sie beweisen dadurch Ihre Kompetenz und Verantwortung. Und Sie können durch Gespräche und zusätzliche Informationen ein Experte für die Entwicklung Ihres Kindes werden. Ein Kind, das so unterstützt wird, hat die Chance, nicht nur Defizite auszugleichen, sondern sogar besondere Fähigkeiten auszubilden.

Nicht nur bei Auffälligkeiten sollte die 7. Vorsorgeuntersuchung für das Kind genutzt werden. Jetzt kann man mit dem Arzt eine lange Entwicklungsphase besprechen. Er untersucht jetzt vor allem die Motorik, die Koordination von Grob- und Feinmotorik, das Hör- und Sehvermögen sowie die sprachliche, emotionale und soziale Entwicklung. Jetzt lassen sich auch Fragen des Ess- und Schlafverhaltens besprechen. Im Übrigen stehen auch Auffrischungsimpfungen an und der Impfplan sollte durchgegangen werden.

Die 7. Vorsorgeuntersuchung sollte auch genutzt werden, wenn das Kind keine Schwierigkeiten hat.

Zwei Jahre alt: Eigenständig und selbstbewusst

Ab jetzt vollzieht sich die Entwicklung in kleineren Schritten und ist nicht mehr so spektakulär, wie in den ersten beiden Lebensjahren. Aus dem Baby ist ein Kleinkind geworden. An seinen Verhaltensweisen kann man erkennen, dass es beginnt sich mit Vater und Mutter zu identifizieren. Der Junge wirkt manchmal schon wie ein richtiger kleiner Kerl, der die Gesten von Papa imitiert. Das Mädchen ahmt seine Mutter nach; die Identifikation mit der Geschlechtsrolle beginnt. Die Bewegungen sind nun sicher und koordiniert. Das Kind strahlt rundum Selbstvertrauen aus.

Was das Kind schon alles kann

Seine Körperproportionen haben sich etwas verändert, es hat sich gestreckt, der Kopf wirkt im Verhältnis zum Körper noch recht groß. Aus den O-Beinen werden die typischen X-Beine, die sich im Vorschulalter allmählich begradigen. Das Trotzen steht jetzt nicht mehr im Vordergrund. Zu artig sollte ein Zweijähriges aber auch nicht sein.

Immer in Aktion

Sein Schritt ist jetzt allerdings schon ziemlich selbstsicher und es stapft zuversichtlich und neugierig in seiner vertrauten Umwelt auf Herausforderungen zu.

Das Kind kann eine ganze Weile konzentriert spielen und muss sich nicht mehr pausenlos der Gegenwart seiner Mutter versichern. Es traut sich auch schon mal, von ihr wegzustürmen.

Laufen und Rennen sind nun kein Problem mehr. Treppen jedoch sind eine Herausforderung.

Ohne Hilfe kann es sich vom Sitzen in den Stand befördern. Es läuft und rennt gerne und probiert verschiedene Gangarten aus. Treppen sind noch eine Herausforderung, hinaufsteigen kann es fast ohne Hilfe, aber beim Hinuntergehen braucht es noch die Hand. Ruhig auf einem Stuhl sitzen fällt jetzt besonders schwer, irgendetwas ist immer in Bewegung.

Das Kind liebt jetzt Gegenstände, die sich öffnen und verschließen lassen, es versucht Flaschen und Tuben aufzudrehen. Sammeln und Aufeinanderstapeln und Bauen sind für die meisten Zweijährigen attraktiv. Ebenso alles, was mit Kritzeln, Kleckern, Schmieren (Fingerfarben) und Batzen (Knete, Sand) oder Schütten und Umfüllen zu tun hat.

Zunehmendes Habenwollen und Besitzstreben kommen oft recht temperamentvoll zum Ausdruck. Bei Essen und Anziehen will es unbedingt seine Unabhängigkeit erproben und mithelfen. Es kann eine Tasse mit beiden Händen halten und daraus trinken. Es kann mit dem Löffel essen, ohne das meiste zu verkleckern. Weil die Eltern mit dem Besteck essen, will es das unbedingt auch können. Bei jedem Hinweis darauf, was es vielleicht („Bitte noch ein Stückchen!") essen sollte, wittert es Gefahr um seine Selbstständigkeit und verweigert genau das. Es ist besser, sich nicht einzumischen, denn es muss selbst darüber bestimmen können, wie und was es isst.

Trotz oder vielmehr gerade wegen seiner Kämpfe um die Unabhängigkeit bleibt das Zweijährige besonders gern in Mutters Nähe, wenn sie z.B. im Haushalt zu tun hat. Es will mitmachen, Besteck einräumen. Tischdecken, Staubsaugen, Bügeln. Es spielt Waschen und Kochen. Wenn der Handwerker kommt, wird er aus sicherer Entfernung genau beobachtet und später mit Sicherheit auf die eine oder andere Weise nachgeahmt. Alles in Haus und Garten ist hochinteressant und wird in sein „Arbeiten" einbezogen.

Das Zweijährige möchte „mitarbeiten" und beschäftigt sich gerne in der Nähe der Mutter.

Kratzen, Beißen, Schlagen

Manchmal sind Spielkameraden willkommen, aber längst nicht immer. Die gemeinsamen Spiele sind noch von kurzer Dauer. Feindselige Affekte wie Beißen, Schlagen, Kratzen oder Herumstoßen anderer Kinder gehören in diesem Alter durchaus zu den normalen Verhaltensweisen. Dem Kind muss jetzt freundlich, aber bestimmt gezeigt werden, wo die Grenzen sind. Es braucht eine konsequente, aber nicht beschämende Reaktion auf sein Verhalten. Mit anderen zu teilen bedeutet für Kinder eine schwere Aufgabe. Doch wenn sie spüren, dass dies von ihnen erwartet wird, lernen sie es ganz bestimmt. Jetzt ist der richtige Zeitpunkt, um damit anzufangen. Wichtig ist, dass man bei allem, was man dem Kind zeigen und beibringen will, es auf keinen Fall bloßstellt, sondern ihm den Rücken stärkt.

173

Selbstbehauptung

Die Aufwallungen der Selbstbehauptung bringen die Stimmung des Zweijährigen noch immer unvermittelt zum Umschlagen. Wenn laufende und kletternde Kleinkinder schwungvoll ihren Untersuchungen nachgehen, geraten sie unvermeidlich mit den (schützenden) Einschränkungen ihrer Mutter in Konflikt. Solche situativen Frustrationen führen zu zornigen, oft kollerartigen Reaktionen, bei denen das Kind versucht die Mutter wegzustoßen. Es erlebt eine Zerreißprobe zwischen dem Wunsch, das frühere Einverständnis mit der Mutter zu erhalten, und dem Wunsch, auf eigene Faust, ganz ungestört zu forschen und sich über die Welt der Dinge herzumachen. Das bleibt in gewisser Weise ein unversöhnlicher Gegensatz, der als unerklärliche Frustration erlebt wird, aber ausgehalten werden muss. Die zornigen Angriffe gegen die Mutter haben immer diesen hilflosen Charakter. Die Mutter soll helfen, gießt aber durch ihre Versuche zu beruhigen noch Öl ins Feuer. Meist braucht das Kind Zeit, sich ohne mütterliche Einmischung zu sammeln.

Papa, der Dritte im Bunde

Der Vater ist der Verbündete im Kampf um die Unabhängigkeit.

Die Rolle des Vaters ist in diesen Kämpfen besonders wichtig. Er ist der „herbeigesehnte Dritte" im Bunde, der hilft, aus der Abhängigkeit von der Mutter herauszukommen. Das Kind möchte sich ihm stärker zuwenden. Jedes Kind dieses Alters braucht jetzt einen interessierten, engagierten Vater. Es erlebt die Gegenwart oder Rückkehr des Vaters als lebenswichtigen Bestandteil der Kontrolle oder des Kampfes, der mit den Ängsten um das Unabhängigwerden verbunden ist. Der Druck, den die Selbstbehauptung und die damit verbundene Irritation im Verhältnis zur Mutter erzeugen, kann schon sehr stark für das Kind sein.

Diese spannungsreichen Erlebnisse zwischen Nähe und Distanz erhöhen die Bereitschaft zu reaktiver Aggressivität und Widersetzlichkeit gegen jede Einschränkung und jeden Frustrierenden.

Das Kind arbeitet hart daran, die vielgestaltige, manchmal beängstigende Wahrnehmung, die es von der Mutter haben kann, in ein geordnetes, überdauerndes, einheitliches inneres Bild von ihr zusammenzufassen. Die Sprachentwicklung und die Fähigkeit, Begriffe zu finden, helfen in dieser Zeit, die vielgestaltigen Erlebnisweisen zu strukturieren. Das be-

174

sonders konflikthafte Erleben wird in der Psychologie als „Wiederannäherungskrise" (M. Mahler) beschrieben. Einerseits will das Kind mit 2 Jahren schon von seiner Mutter getrennt, groß und allmächtig sein, andererseits wird es mit zunehmender Fähigkeit zur Realitätsprüfung seiner Abhängigkeit von ihr und seiner Angst vor Liebesverlust gewahr.

Die lustvollen Errungenschaften von Wegrennen und Hochklettern führen zu unvermeidlichen Konflikten mit der Mutter. Das „Über-Ich" beginnt Wurzeln zu schlagen, d.h. „Gut" und „Böse" und die damit verbundenen Ge- und Verbote werden verinnerlicht. Teilweise kann das Kind sich schon an verbotene Verhaltensweisen erinnern. Zusätzliche Spannung bringt die wachsende Erkenntnis, ein Mädchen oder ein Junge zu sein.

Zweijährige nehmen Geschlechtsunterschiede wahr und beginnen sich mit der Geschlechterrolle zu identifizieren. Da das Verhalten stark durch Nachahmung geprägt ist, sind die Identifizierungsvorgänge recht auffällig und sie sind in der Regel geschlechtsspezifisch: Der Junge lehnt sich an das Verhalten des Vaters an, das Mädchen an das der Mutter.

Geschlechtsunterschiede werden jetzt wahrgenommen.

Erziehung zur Sauberkeit

Die so genannte Sauberkeitserziehung beginnt um diese Zeit. Aber nur das Kind kann entscheiden, wann es so weit ist. Die Vorstellung, eine Erziehung sei besonders gut gelungen, wenn das Kind recht früh „sauber" ist, hat sich bei besser informierten Eltern erledigt. Tatsächlich beginnt das Sauberkeitstraining erst, wenn Reifezeichen wie Sprachverständnis, Imitieren, Ordnungssinn, Nachlassen des Trotzes sichtbar sind.

Ab wann soll das Kind auf den Topf?

Die Voraussetzungen dafür müssen zunächst einmal im körperlichen Bereich gegeben sein. Damit ein Kind Darm und Blase richtig kontrollieren kann, müssen die entsprechenden Schließmuskeln genügend stark und durch seinen Willen beeinflussbar sein. Das heißt, jedes Kind muss lernen, die Schließmuskeln zu entspannen, nur so kann es „Pipi" oder „Aa" machen. Dazu ist es erst zu Beginn des dritten Lebensjahres in der Lage, manche Kinder auch erst später.

Der Zeitpunkt, wann das Kind auf den Topf geht, hängt von ihm selbst ab.

Wann der richtige Zeitpunkt gekommen ist, um das Kind auf den Topf zu setzen, hängt stets von ihm selbst ab. Die Sauberkeitserziehung steht in direktem Zusammenhang mit dem Selbstständigkeitsstreben und es fühlt sich durch zu viel Druck leicht in seiner Autonomie verletzt. Es muss seinen inneren Kampf allein durchstehen und zu einer eigenständigen Entscheidung kommen. Es kann eine ganze Weile dauern, bis es sich zu dem Entschluss durchgerungen hat, aufs Töpfchen zu gehen und dann auch noch etwas „herzugeben". Die Windel muss ihm so lange zur Verfügung stehen, wie es sie haben will. Man sollte nur in kleinen Schritten und deutlicher Absprache mit dem Kind die Windel weglassen. Nachts beginnt das „Sauberkeitstraining" erst, wenn das Kind tagsüber ganz stabil die Sache mit dem „Geschäft" beherrscht. Lieber nachts auf Nummer sicher gehen, als morgens ein nasses Bettchen und eine enttäuschte Mama vorfinden.

Wenn man mit dem Kind die nächsten Schritte bespricht, weiß es, was von ihm erwartet wird, doch wenn die Zeit reif ist, muss es selbst entscheiden können. Je weniger Druck beim Sauberwerden ausgeübt wird, umso selbstverständlicher wird es spätestens bis zum Ende des 4. Lebensjahres sauber sein.

Ein Lob den „Pampers"

Die „Pampers", Inbegriff der Höschenwindel, haben sicherlich die Reinlichkeitserziehung gravierend verändert. Frühe Dressurakte zum Erwerb der Kontrolle über die Schließmuskeln sind überflüssig geworden. Das Ertragenkönnen eines Spannungsgefühls, zurückhalten und auf Anforderung hergeben können sind im Zeitalter der „Pampers" keine besonderen Tugenden mehr. Früher wurden solche Erziehungsziele dem Kind früh andressiert und sogar eingebläut. So wurde nicht etwa Stolz, der in diesen Zusammenhang gehört, sondern Gefühle von Scham und Minderwertigkeit erzeugt. Heute werden diese Dinge, zum Wohl des Kindes, flexibler gehandhabt.

Das Thema Hergeben oder Verweigern spielt auch im Kampf um die Pampers eine Rolle. Manche Kinder weigern sich, ihre volle Windel herzugeben. Andere wollen die Windel nach getanem Geschäft sofort loswerden, um den Bezug zu ihrer vollbrachten Leistung herzustellen, sie wollen, dass sie beachtet wird. Für das Kind werden das „Pipi"- und das „Aa"-Machen interessant und wichtig. Mit Neugier und Spannung verfolgt es, was da aus seinem Körper herauskommt.

In diesem Zusammenhang entwickelt es verschiedene typische Verhaltensweisen. Es hockt z. B. da mit nach innen gerichtetem Blick, versteckt sich in Ecken oder hinter dem Sofa, wird ängstlich oder freudig erregt. Seine Ausscheidungen sind für das Kind etwas, was zu ihm gehört. Es ist stolz darauf, etwas „produzieren" zu können. Es ekelt sich nicht davor und betrachtet seine Ausscheidungen noch nicht als etwas Schmutziges. Dass ein Kind sich für die Beschaffenheit seiner Produkte interessiert, ist nichts Ungewöhnliches. Es kann schon sein, dass es mal genauer prüfen will, wie sich das anfasst.

Ob Höschenwindeln, ob Stoffwindeln, das Thema ist: Hergeben oder Verweigern.

Kleine Kinder spüren sehr genau, wie weit die „Macht" ihrer Eltern reicht – haben sie auch Zugriff auf das Körperinnere oder ist ihr Einfluss darauf gering? So erlebt das Kleinkind, wie es mit seinen Körperausscheidungen einen eigenen Willen zum Ausdruck bringen kann. Diese Erfahrungen sind eng verflochten mit seinen Autonomiebestrebungen und ein wichtiger Schritt zur Selbstständigkeit. Die erreicht ein Kind, das nicht unter Druck gesetzt wird, zu einem bestimmten Zeitpunkt sauber sein zu müssen, am besten. Wahrscheinlich schaffen es die meisten Kinder bis zum Kindergarten, wenigstens tagsüber trocken und sauber zu bleiben. Wenn nicht, hat es eben eine Windel im täglichen Gepäck. Die besten „Maßnahmen" in der Reinlichkeitserziehung sind Lob, Geduld, Respekt und im Übrigen nicht allzu viel Aufhebens um die „Geschäfte".

Sexualität und Geschlechtsidentität

Bei Mädchen und Jungen wächst nun, verstärkt durch die Sauberkeitserziehung, das Interesse am eigenen Körper. Mit der gleichen Wissbegier und unbefangen, wie es seine anderen Körperteile untersucht und ihre Namen kennen lernen will, will es das auch für seine Geschlechtsorgane.

Das Kind kennt noch keine Tabus

Es erkundet natürlich auch die Regionen, aus denen seine Ausscheidungen kommen. Es lernt jetzt seinen Körper noch besser kennen und unterzieht ganz selbstverständlich seine Genitalien einer eingehenden Untersuchung.

Sollten seine Eltern diesbezüglich allzu ausweichende und umständliche Erklärungen abgeben, wundert sich das Kind wahrscheinlich, warum dieser Teil seines Körpers ihnen so viel Kopfzerbrechen bereitet. Für das Kind ist es natürlicherweise lustvoll, seine Geschlechtsorgane spielerisch zu erkunden. Für Erwachsene jedoch ist es nicht einfach, das Kind bei seinen Spielen gewähren zu lassen.

Auch seiner Neugierde auf den Körper der Eltern sind berechtigterweise Grenzen gesetzt. Für die meisten Erwachsenen ist besonders der Genitalbereich mit Tabus und Schuld- oder Schamgefühlen oder zumindest mit großer Intimität verbunden. Der ungezwungene Umgang mit der Sexualität eines Kindes sollte nicht zu dem Missverständnis führen, dass alles ganz „offen" und „natürlich" sein muss. Dem Erkundungsbedürfnis des Kindes sind, was den Erwachsenenkörper und die Erwachsenensexualität betrifft, selbstverständlich Grenzen gesetzt.

Schamgefühle haben in der Sexualentwicklung ebenso eine Berechtigung wie Offenheit und Unbefangenheit.

Es ist schon richtig, ein Kleinkind hat noch keine Schamgefühle, es sei denn, es bekommt sie gemacht. Andererseits sind Schamgefühle – wenn sie nicht zu krampfhafter Selbstverleugnung führen – eine wichtige Möglichkeit für Kinder und Erwachsene, ihre Körper vor unangemessenen Übergriffen zu schützen, sich nicht preiszugeben und eine Intimsphäre zu wahren. Im Übrigen empfinden Kinder bald eine durchaus folgerichtige Scheu vor den nackten Körpern ihrer Eltern, die ihnen riesig und bedrängend erscheinen können. Die Aufgabe der Eltern ist es, auch hier die richtige Balance herzustellen.

Einerseits darf das Kind in seiner Unbefangenheit und Neugier nicht zurückgewiesen oder beschämt werden, andererseits muss es Grenzen zwischen intim, privat und öffentlich kennen lernen. In seiner Sexualentwicklung und Erziehung muss das Kind auch mit gesellschaftlichen Regeln und Tabus in diesem Zusammenhang konfrontiert werden.

So wie Zweijährige auf alles neugierig sind, sind sie es auch in Bezug auf die Sexualität. Sie beginnen Fragen zu stellen und sich Vorstellungen zu machen. Sexualität ist in diesem Alter noch nicht zu einer „genitalen" Sexualität fortgeschritten, wie sie Erwachsene erleben. Sie hat sich gerade erst vom beruhigenden Saugen und Lutschen der Säuglingszeit von der Mundregion auf die Bereiche der Ausscheidungsorgane erweitert bzw. verschoben.

Kinder fangen jetzt an, Fragen in Bezug auf ihre Geschlechtsorgane zu stellen.

Der kleine Unterschied

Noch sind die Ausscheidungsvorgänge und ihre Beherrschung eine spannende Angelegenheit und färben die sich entfaltende Sexualität des Kindes. In dieser Zeit realisiert es meist, dass Mädchen und Jungen verschieden „gebaut" sind. Der Geschlechtsunterschied wirft für Kinder wichtige Fragen auf. Dem kleinen Jungen mag es auf den ersten Blick so scheinen, als fehle seiner Schwester oder kleinen Freundin etwas, da sie nicht über einen deutlich sichtbaren Penis verfügt. Das kann ihm auch Sorgen machen, denn wer weiß, ob dieser dem kleinen Mädchen nicht irgendwie abhanden gekommen ist. Und wenn so etwas möglich ist, kann ihm das vielleicht auch passieren.

Eine gewisse ängstliche Besorgnis um den Erhalt ihrer körperlichen Unversehrtheit ist bei den meisten Jungen zu beobachten. Weshalb besonders uneinfühlsame Erwachsene gerne mit „Wegnehmen" oder gar – noch sadistischer – mit „Abschneiden" drohen. Kleine Mädchen können, selbst wenn sie sich schon recht befriedigend der Erforschung ihrer Vagina gewidmet haben, auf die Idee verfallen, dass ihnen so ein schmückendes Teil noch fehlt – vielleicht noch nachwachsen sollte. Die Erklärung, dass die Organe im Bauch einmal dafür da sind, ein Baby wachsen zu lassen, kann es allerdings mit ebenso großem Stolz erfüllen, wie ihn der kleine Junge auf seinen Penis empfindet. Dieser Stolz des Mädchens ist jedoch nicht so konkret an ein sichtbares Organ geknüpft, sondern verlangt von ihm die Identifikation mit der Mutter und der mütterlichen Rolle. Es muss ein Stück Körperbewusstsein über die zukünftigen Möglichkeiten seines Körpers entwickeln. Es muss einen Aufschub in seine Geschlechtsidentität hineinnehmen, die Hoffnung darauf, dass sein Körper irgendwann in der Zukunft in all seinen Potenzialen aufblühen wird.

Mädchen und Junge, werden mithilfe der Erwachsenen verstehen lernen, dass ihre Geschlechtsteile aus guten Gründen verschieden sind und genauso vollständig und wichtig sind wie die des anderen Geschlechts.

Jungen und Mädchen lernen, ihren Geschlechtsunterschied zu akzeptieren und zu respektieren.

Männlich und weiblich

Die meisten Eltern haben heute den Anspruch, ihr Kind nicht allzu sehr durch ihre Erziehung auf traditionelle Vorstellungen von „männlich" und „weiblich" festzulegen. Die ehemalige Kampfparole „Wir werden nicht als Mädchen geboren – wir werden dazu gemacht!" dürfte heute als reichlich überspitzt gelten. Ebenso überholt und lähmend ist die Auffassung, jede Äußerung von Männlichkeit, jede Geste der traditionellen Männerrolle sei der bekämpfenswerte Ausdruck eines unberechtigten männlichen Dominanzanspruchs. Vielmehr neigt man inzwischen doch eher dazu, offenkundige Unterschiede der Geschlechter zu respektieren und als besondere Möglichkeit der Perönlichkeitsentwicklung aufzufassen.

Kinder sollen sich entsprechend ihren Neigungen entwickeln können. Das tun sie jedoch nicht unbeeinflusst von den Eltern. Erst angesichts der Eltern, in der Erfahrung ihrer Geschlechtsrolle, kann das Kind so etwas wie ein Konzept von Männlichkeit und Weiblichkeit entwickeln.

Um seine ersten Erfahrungen der Geschlechtsunterschiede auseinander zu halten und eine eigene Geschlechtsidentität auszubilden, hat es noch wichtige Entwicklungsschritte vor sich, für die Vater und Mutter die wesentlichen Partner sind (s. a. König-Becker, Mein Kind von 3–6).

Mädchen und Jungen erleben die Suche nach ihrer Geschlechtsrolle unterschiedlich.

Bis jetzt haben beide, Jungen wie Mädchen damit zu tun, heftige Trennungsängste zu bewältigen. Wenn alles gut geht, sind Vertrauen und Selbstsicherheit so gefestigt, dass gegen Ende des dritten Lebensjahres Omnipotenzvorstellungen zunehmend der Freude an der aktiven Bewältigung von neuen Entwicklungsaufgaben weichen. Dies kommt auch einer besseren Kontrolle der Affekte und einem reiferen Umgang mit Stimmungsschwankungen und Wutausbrüchen zugute. Das Gefühl, ein abgegrenztes Selbst zu sein, stabilisiert sich.

Die Vorstellung, was zur Männlichkeit und was zur Weiblichkeit gehört, gewinnt in der Beziehung zu Vater und Mutter an Komplexität. Da die Mutter eine weibliche Identität und einen weiblichen Körper hat, ist das folgenreich für die Ablösung und Geschlechtsrolle des Kindes. Die innerpsychische Trennung von der Mutter und die Einbeziehung des Vaters in die Suche nach der geschlechtlichen Zugehörigkeit werden vom Jungen und vom Mädchen unterschiedlich erlebt und vollzogen.

Söhne und Töchter

Das Mädchen erlebt sich im Verlauf seiner Entwicklung kontinuierlich mit seiner Mutter verbunden, es kann sich mit ihrer Weiblichkeit identifizieren. Der Junge muss sich dagegen mehr als ein abgetrenntes und verschiedenes Wesen definieren.

Möglicherweise entschädigen Mütter (ganz unbewusst) ihre Söhne für diese Anforderung an eine größere Unabhängigkeit, aber auch ihre Angst vor der Verschiedenheit durch verwöhnendes Verhalten. Beobachtungsstudien (z.B. von Ulrike Schmauch) haben gezeigt, dass Mütter ihre kleinen Söhne weit länger und genussvoller körperlich versorgen, bedienen, verwöhnen, als es die Mütter von kleinen Töchtern tun. Das äußert sich in vielen Handgriffen und Handlungen: Für den kleinen Sohn wird aufgeräumt, er wird an- und ausgezogen, lieber gewickelt als auf den Topf verwiesen, ihm wird vieles gegeben, zubereitet, eingerichtet, recht gemacht.

Mütter verwöhnen ihre Söhne oft unbewusst weit mehr als ihre Töchter.

Sich aus dieser Umarmung zu lösen erfordert vom kleinen Jungen die viel beobachtete aggressive Energie, die er auch in anderen Zusammenhängen erprobt. Mit anderen Worten, an ihn wird eine hohe seelische „Arbeitsanforderung" gestellt, um mit der höheren Körperspannung, seinen aggressiven Affekten und feindseligen Gefühlen umzugehen. Die vielen Aktionen des Bestimmen-, Besitzen- und Beherrschenwollens gehören ebenso in diesen Zusammenhang der „forcierten Trennungsaggression" wie die raumgreifende Umsetzung von Fantasien, um sich mächtig in einem selbst geschaffenen Terrain zu fühlen.

Mädchen haben das gleiche Geschlecht wie ihre Mutter und bleiben ihr auf diese Weise verbunden. Um dennoch Autonomie und ein abgegrenztes Selbst zu entwickeln, erlernen sie in der Regel früher und stabiler, „sauber" zu werden. Mütter sind laut Beobachtungsstudien mit größerem Eifer hinterher, dass ihre Töchter bald die Anstrengung des Aufpassens verinnerlichen, dass sie früh ihre Entleerung selbst beherrschen. Sie lernen auch eher, sich selbst an- und auszuziehen, das Binden und Knöpfen von Kleidern und auch das Aufräumen. Sie werden „vernünftige", brave Mädchen. Dieses Verhalten führt über die Abgrenzung – also etwas recht früh ohne Hilfe der Mutter erledigen zu können – zur Identifizierung mit der mütterlichen Geschlechtsrolle.

Vaterrolle

Der traditionelle Vater verkörpert für das Kind abenteuerliche Ungebundenheit und lockende Freiheit.

Der Vater beginnt seine für die Individuationsentwicklung des Kindes überragende Rolle anzunehmen. Zumindest muss man bis jetzt in der weitgehend herkömmlich gestalteten Familienlandschaft und der darin üblichen Rollenverteilung davon ausgehen. Die Mutter ist – und bleibt? – die primäre und nahezu ausschließliche Bezugsperson des Kindes, der Vater ist der abends erscheinende „glänzende Ritter". Der (traditionelle) Vater verkörpert in den Augen seiner Kinder abenteuerliche Ungebundenheit und lockende Freiheit, gefahrlose Abgrenzung und furchtlose Unabhängigkeit. Der Junge wünscht sich, so wie der Papa zu sein.

Nicht mehr die Mutter braucht jetzt vorrangig seine Unabhängigkeit zu bestätigen, sondern es ist nun der Vater, von dem er sich dringend Anerkennung wünscht. Für den kleinen Jungen ist sein Vater von einer herrlichen Omnipotenz, so wie er sich das für sich selbst wünscht: groß und stark, unabhängig, von der Mutter begehrt und immer auf Abenteuer unterwegs. Eine teilweise Identifizierung des Mädchens mit seinem Vater und dessen so genannten männlichen Eigenschaften wie Unabhängigkeit und Durchsetzungsvermögen unterstützen auch sein Autonomiestreben und Selbstwertgefühl. Außerdem probiert das Mädchen immer mehr eine neue Art der sinnlichen Bezogenheit aus und wendet sich dem Vater auf

Jungen und Mädchen identifizieren sich auf ihre Weise mit der Männlichkeit des Vaters.

zärtliche und erotische Weise zu. Die liebevolle Zuwendung des Vaters, der in der Lage ist, dieses Verhalten richtig zu verstehen, erfüllt es mit Stolz und bestätigt es in seiner weiblichen Selbstachtung.

Die Entwicklungsphase der geschlechtlichen Orientierung reicht in das vierte, fünfte Lebensjahr hinein. Im dritten Lebensjahr werden dem Kind der Unterschied und die Einschränkung, die die Zugehörigkeit zu einem bestimmten Geschlecht mit sich bringt, allmählich bewusst. Bis Mädchen und Jungen sich mit den Eltern identifiziert haben, gibt es noch viele Entwicklungsschritte hin zu einer eigenen Geschlechtsidentität.

Reif für den Kindergarten?

Gegen Ende des dritten Lebensjahres ist das Kind körperlich schon sehr geschickt. Es läuft sicher und stiefelt aufmerksam durch die Gegend. Es liebt Herausforderungen, interessiert sich für neue Erlebnisse und nimmt Aufgaben, die sich ihm stellen, selbstbewusst in Angriff.

Eine neue Harmonie und neue Quälgeister

Das Dreijährige greift gerne die Anregungen seiner Eltern auf und möchte, wo es nur geht, mitmachen und sich beteiligen. Es ist stolz auf das Gefühl, mithelfen zu können.

Es klettert, rutscht, schaukelt, fährt mit dem Dreirad oder, besser noch, übt sich im Rollerfahren. Das Kind weiß schon recht gut, wie die Dinge seines Alltags funktionieren: Es kritzelt mit Stiften, fegt mit dem Besen, putzt mit dem Lappen, isst mit dem Löffel usw. Sein Wunsch, die Erwachsenen nachzuahmen, ist sehr lebendig. Es will Zeitung lesen, Auto fahren, Fenster putzen, Blumen gießen oder Salat waschen.

Vorstellungskraft und Sinn für Humor erwachen. Trotzen und Widerspruchsgeist lösen sich langsam in Wohlgefallen auf. Oft erleben Eltern gegen Ende des dritten Lebensjahres eine Art wundersame Beruhigung. Das Zusammenleben mit dem Kind ist harmonisch und voller Freude. Das Kind wird sanft, umgänglich und auf erfreuliche Weise anhänglich. Es spürt, dass es etwas erreicht hat, und schreitet auf seinem neuen Niveau sicher und friedlich dahin.

Das Zusammenleben mit dem Kind ist jetzt harmonisch und voller Freude.

Während das Kind seinen Körper erkundet, neue Erkenntnisse gewinnt und seine Unabhängigkeit probt, treten neue Spannungen und Unsicherheiten auf. Es gibt alterstypische Ängste, die viel mit den eigenen Affekten und Gefühlsregungen zu tun haben, mit denen das Kind fertig werden muss.

Mit dem Aufblühen der Fantasie taucht auch Bedrohliches auf. Es beginnt sich vor allen möglichen Dingen zu fürchten: großen Tieren, Hexen, Räubern usw. Manche Kinder geraten in helle Aufregung, wenn es um banale Dinge wie Nägelschneiden und harmlose Schrammen geht. Bestimmte Spiele werden gemieden, weil das Kind seinen Körper bedroht sieht; es wittert überall Gefahren. Vielleicht fängt es an, endlose Fragen über „gefährliche Sachen" zu stellen. In seiner magischen Welt kreist noch alles mehr oder weniger um seine Person, Dinge und Vorgänge bezieht das Kind auf sich, sie haben noch keine logischen Zusammenhänge, Träume sind real.

Neue Erkenntnisse sind aufregend.

Auch wenn das Kind glaubt, es könne durch sein Denken und Wünschen die Welt bewegen, erfährt es doch, dass es viele Ereignisse gibt, die sich seinem Einfluss entziehen. Solche Dinge machen Angst: die Dunkelheit, Blitz und Donner, das tosende Meer, große Wasserflächen, Wind und

Wetter, und sogar das unnachgiebige Rauschen der Klospülung – wer weiß, was da alles verschwinden kann.

Die Furcht vor dem Verlassenwerden flackert auch immer wieder auf. Nachts kommen Alleinsein, Dunkelheit und Träume zusammen, das kann schon heftige Ängste hervorrufen, gegen die das Kind noch keine Mittel weiß. Da helfen nur Verständnis und Nähe der Eltern. Viele Kleinkinder landen nachts wieder im Elternbett, was meist als vorübergehende Erscheinung auch toleriert wird.

Falls sie es nicht sowieso schon getan haben, schränken kluge Eltern das Fernsehen jetzt radikal ein. Kein Kind, das jünger als vier Jahre ist, kann mehr als eine halbe Stunde Fernsehen pro Tag verkraften und auch das nur, wenn es sich um ein ausgewähltes und gemeinsam anzuschauendes Kinderprogramm handelt.

Kinder brauchen Märchen und Spiele

Ein wichtiger Weg, seine Gefühle und das, was das Kind dringend beschäftigt, auszudrücken, ist das Spiel, das jetzt zur Hauptsache im Tagesablauf geworden ist. Hier bearbeitet und meistert es komplexe psychische Anforderungen. Das Kind nützt das Spiel, um Erfahrungen aus der Vergangenheit und der Gegenwart so lange zu beleben und zu bearbeiten, bis es sie gemeistert hat. Es bezieht beim Spielen Objekte und Erlebnisse aus der Umwelt mit ein und bringt sie mit seinen persönlichen Vorstellungen und dem, was seine Seele in Aufruhr versetzt, zusammen. In seinen Spielen verweben sich Bruchstücke aus der Realität, dem Bedürfnis, zu durchschauen und zu lernen, mit Träumen und inneren Bildern. Vertieft in das Spiel bedient es sich dieser verschiedenen Elemente von Wirklichkeit, Nachahmung, Fantasie und Gefühl.

Das Spiel wird nun zur Hauptsache im Tagesablauf.

Eine ähnliche Aufgabe hat das Märchen. Gerade jetzt beginnt die Zeit, in der das Kind positive symbolische Lösungen gut aufnimmt und auch braucht. Das Märchen bietet der Fantasie Stoff, der zu erkennen gibt, worum es bei dem Kampf um die Selbstverwirklichung geht.

Eltern und Kinder sind von Märchen fasziniert, weil es beiden Wahrheiten über die Menschen und über ihr eigenes Ich enthüllt. Tiefe emotiona-

185

le Konflikte, Gefühle von Bedrohung, Einsamkeit und Absonderung, die Kinder nur indirekt über ihre Ängstlichkeit ausdrücken können, werden ebenso aufgegriffen wie die Wünsche nach ewiger Liebe und die Hoffnung auf das große Glück.

Die Frage, ob ein Märchen passt, entscheiden Kinder mit ihren Reaktionen darauf selbst. Sie machen deutlich, was ihnen wichtig wird und was sie lieber nicht hören wollen. Oft haben Kinder ein Lieblingsmärchen, das sie immer wieder und möglichst wörtlich hören möchten, da es gerade brennende Fragen behandelt. In der wortwörtlichen Wiederholung finden sie Bestätigung und Beruhigung. Normalerweise besitzen Erwachsene ein Gespür dafür, wie gerade Märchen Themen der kindlichen Fantasie aufgreifen und das Kind auf seinem Weg begleiten können. Wie bei jedem Bilderbuch und jeder anderen Geschichte verlangt das Aussuchen der geeigneten Märchen von den Eltern ein Empfinden für die Aufnahme- und Verarbeitungsreife ihres Kindes. Je sicherer das Kind sich in seiner Welt aufgehoben fühlt, desto mehr kann es mit Geschichten und Märchen etwas anfangen und sich auch den Abenteuern seiner Fantasie überlassen.

Märchen wollen von Kindern immer wieder gehört werden. Wiederholungen bestätigen und beruhigen sie.

Gute Geschichten und Märchenerzählungen bieten seiner Fantasie den Stoff, der zu erkennen gibt, worum es bei dem Kampf um Selbstverwirklichung geht. Und zugleich bürgen sie für einen guten Ausgang.

Gefühle und Worte

Immer stärker werden in diesem Alter die Gefühle. Das Kind kann lieben, hassen, traurig sein, sich freuen, wütend werden. Es erlebt nun dasselbe Gefühlsspektrum wie Erwachsene. Nur hat es noch nicht so viel Erfahrung im Umgang und im Verarbeiten von Gefühlen.

Deshalb muss es mit all seinen Gefühlen nicht nur ernst genommen werden, sondern braucht auch Unterstützung, um den Umgang damit zu lernen. Seine Emotionen entstehen aus dem Augenblick und wechseln schnell. Die richtige Balance und das Aushalten widersprüchlicher Gefühle wie Wut, Liebe, Freude, Furcht müssen sich entwickeln und im Zusammenleben gelernt werden. Die wichtigsten Vorbilder sind Mutter und Vater, dann aber auch die Geschwister oder andere Bezugspersonen.

186

Am deutlichsten werden die Fortschritte jetzt bei der Sprachentwicklung. Wenn sein 3. Geburtstag naht , wird man schon eine kleine Unterhaltung mit dem Kind führen können. Wenn es dann von sich spricht, kann es mit großer Wahrscheinlichkeit schon „Ich" sagen; bis dahin benutzt es seinen Vornamen. Wenn es „Ich" sagt, zeigt es, dass es jetzt weiß, wer es ist.

Die Fähigkeit, sich mit Worten verständlich zu machen, erweitert seine Kommunikationsfähigkeit immens. Es kann Gefühle jetzt durch Worte mitteilen und nicht nur durch körperliche Ausdrucksmöglichkeiten. Mit dem Sprechen und Begreifen erweitert und verfeinert sich die Wahrnehmung der Umwelt, in der sich das Kind bislang als Mittelpunkt empfand. Doch langsam kann es objektiver werden und sich bald auch in andere hineinversetzen. Die Gefühlswelt differenziert sich, echtes, nicht andressiertes Mitgefühl entsteht.

Ein Kind, das freiwillig, ohne Ermahnung zu teilen beginnt, zeigt, dass sich sein Einfühlungsvermögen entfaltet. Vor diesem Hintergrund wächst nun auch die Möglichkeit, sich mit anderen Menschen und Gleichaltrigen außerhalb der Familie zu verständigen, anderen etwas über die eigenen Vorstellungen und Wünsche mitzuteilen. Sobald das Kind in seiner Entwicklung an diesem Punkt angelangt ist, drängt es weiter in die Welt. Es will etwas unternehmen und ist voller Kontaktfreude. Es braucht und findet Freunde.

Sind auch Eltern reif für den Kindergarten?

Im Kindergarten wird es Beziehungen zu Gleichaltrigen aufnehmen können. Es wird Erfahrungsräume finden, in denen es ohne Eltern kreativ sein und viele seiner Fähigkeiten erweitern kann. Damit der Eintritt in den Kindergarten gelingt, muss nicht nur das Kind die nötige Reife haben. Auch die Eltern müssen bereit sein, ihr Kind loszulassen. Bis jetzt kann ihr Kind zwar auch schon eine ganze Weile allein sein, doch die Eltern müssen immer im Hintergrund da sein. Wenn das Kind im Freien spielt, muss es jederzeit zu den vertrauten Menschen zurücklaufen können. Kinder sind bis zu diesem Alter noch ängstlich und in der Regel trennen sich Eltern nicht ohne Not über einen längeren Zeitraum von ihnen. Nun aber, wenn der 3. Geburtstag näher rückt, sollen beide die zeitweilige Trennung verkraften, ja wünschen.

Im Kindergarten beginnen Freundschaften.

187

Jetzt müssen auch die Eltern bereit sein, ihr Kind loszulassen.

Wenn Eltern optimistisch an den neuen Schritt herangehen und sich ihrer Entscheidung sicher sind, überträgt sich das auch auf ihr Kind. Wenn sie ihrem Kind eigene Erfahrungen zugestehen in einem Umfeld, das nicht mehr der eigenen Kontrolle unterliegt, dann wird es auch Vertrauen in seine Möglichkeiten spüren.

Das Lebensalter des Kindes ist nur ein allgemeiner Anhaltspunkt für die Kindergartenreife. Es sagt noch nicht so viel darüber aus, ob das Kind schon eine altersgemäße Selbstständigkeit erreicht hat. Wenn das Kind Gelegenheit hat, sich mit Spielkameraden zu treffen, und kurzzeitige Trennungen von den Eltern schon gewöhnt ist, weil es hin und wieder Freunde besuchen durfte, wird es sich im Kindergarten schneller eingewöhnen. Es sollte die Räume und die Erzieherinnen auch schon kennen gelernt haben und wissen, da ist mein Kindergarten.

Oft sind Kindergärten, die zwar nach außen nicht so ein tolles Konzept vertreten, aber in denen eine lebendige, herzliche Atmosphäre herrscht und die näher am Alltag des Kindes sind, nicht die schlechteste Wahl.

Ideal ist es, wenn der Kindergarten in der Nähe der Wohnung liegt, in einer dem Kind bekannten Gegend, oder vielleicht sogar zu Fuß erreichbar ist, auf einem vertrauten Weg, mit Freunden der näheren Umgebung. Je spezieller der Kindergarten ist, den man aussucht, je mehr man nach einem besonderen Konzept, wie Montessori- oder Waldorf-Pädagogik Ausschau hält, desto länger werden die Wege dorthin sein. Man sollte gut abwägen, welche Dinge für das Kind wichtiger sind.

Wenn es dann richtig losgeht, wird dem Kind einiges abverlangt. Es muss sich von den vertrauten Bezugspersonen lösen können und sich ohne deren Rückendeckung auf andere Erwachsene einlassen. Es muss mit vielen Kindern zurechtkommen, ohne dass Mutter und Vater dabei sind und schützen, vermitteln oder ausgleichen können. Die Lebendigkeit und Lautstärke einer Kindergruppe müssen verkraftet werden. Schließlich muss auch das Einhalten von Regeln und Abläufen akzeptiert und gelernt werden.

Wahrlich ein volles Programm. Ein Kind, das auf die anstehenden Veränderungen vorbereitet wurde, kann sich über die neuen Erfahrungen freuen und wird sich bald in seinem erweiterten Lebensraum wohl fühlen. Wichtig ist, dem Kind diesen neuen Lebensabschnitt als Bereicherung nahe zu bringen und ihm weiterhin die Stabilität der familiären Beziehung erfahrbar zu machen.

188

Der 3. Geburtstag steht bevor

Der dritte Geburtstag ist ein besonderes Ereignis im Leben von Kind und Eltern. Für das Kind ist es der erste Geburtstag, den es bewusst erwartet und mit einem gewissen Gefühl für seine eigene Geschichte begeht. Es weiß und sagt: „Ich bin jetzt schon drei Jahre alt!" Für die Eltern steht eine Veränderung ihrer Beziehung zum Kind bevor. Wenn bis jetzt das Gefühl überwog, alles für das körperliche und geistige Wachsen und Gedeihen ihres Babys getan zu haben, so haben sie nun das Gefühl, eine gehörige Portion „Erziehung" aufbringen zu müssen. Aus ihrem Baby ist ein selbstbewusstes Kleinkind geworden, das ausgeprägte Persönlichkeitszüge hat: Es hat sich zu einer neugierigen, zielstrebigen kleinen Person entwickelt, die brennend interessiert ist an der Welt und an den Menschen. Es ist bereit, zu lieben und zu lernen – beides mit hingebungsvoller Konzentration und lustvoller Sinnlichkeit. In seiner Arglosigkeit braucht es jetzt weiterhin die verständnisvolle Begleitung und unbedingte Liebe seiner Eltern. Es kann ihnen schon ein richtiger Partner sein, ist aber auch noch klein und anhänglich und bei Gelegenheit ängstlich, denn seine Fantasiewelt beginnt sich zu bevölkern und zu beleben.

Entwicklungsschritte, die in den ersten Jahren schneller und absehbar aufeinander folgten, werden allmählich weniger spektakulär sein und in längeren Zeiträumen stattfinden. Gleichaltrige Kinder unterscheiden sich nun recht deutlich in ihrem Entwicklungstempo, ihren Ausdrucksmöglichkeiten und ihren vielfältigen Fähigkeiten. Von nun an strebt jedes Kind auf seine ganz individuelle Weise in die Welt.

Für das selbstbewusste Kleinkind muss nun die nötige Erziehung aufgebracht werden.

Wichtige Begriffe und Fremdwörter

Affekte: Umgrenzter, oft plötzlich entstehender und kurz andauernder Gefühlsausbruch, z. B. Wut, Angst, Freude, oft verbunden mit körperlichen Begleiterscheinungen wie Herzklopfen, Erröten, Weinen.

Aggression: Tendenzen im Verhalten, die darauf abzielen, den anderen zu schädigen, zu zwingen, zu vernichten usw. Aggression ist nicht nur eine heftige körperliche Aktion; sie ist den meisten Verhaltensweisen beigemischt (z. B. Ironie, Verweigerung, Tatendrang, Angriffslust).

Ambivalenz, ambivalent: Das gleichzeitige Vorhandensein einander widersprechender Gefühle, Strebungen und Haltungen, z. B. Liebe und Hass in der Beziehung zu ein und derselben Person.

Empathie: Emotionale Einfühlung in eine andere Person.

Fötus: Bezeichnung für die Leibesfrucht in der Gebärmutter für die Zeit nach dem 2. Schwangerschaftsmonat.

Idealisierung: Psychischer Vorgang, bei dem eine Person eine andere Person als vollkommen betrachtet.

Identifizierung: Übernahme der Motive und Eigenschaften eines anderen in die eigene Person und Verwandlung nach dem Vorbild.

Identität: Unverwechselbarkeit und Einmaligkeit einer Person, die von ihr selbst als kontinuierlich durch alle persönlichen Veränderungen hindurch erlebt wird.

Imitation: Nachahmung, Nachbildung, genaue Wiederholung.

Integration: Vervollständigung, Herstellung einer Einheit aus verschiedenen Einzelheiten; Einfügen von Einzelheiten in eine Gesamtheit.

Interaktion: Personen treten in eine Wechselbeziehung, indem sie aufeinander ansprechen (reagieren).

Intrauterin: Innerhalb der Gebärmutter.

Kognitiv: Entwicklung all der Funktionen, die zum Wahrnehmen eines Gegenstandes oder zum Wissen über ihn beitragen; Prozesse der Wahrnehmung, der Vorstellung, des Denkens und Erinnerns.

Kommunikation: Austausch von Mitteilungen und Informationen; zwischenmenschlicher Austausch, z. B. sprachlich, mimisch oder über andere Zeichen und Symbole.

Modus: Art und Weise des Geschehens oder Seins; Verfahrensweise.

Motorik, motorisch: Bewegungsabläufe (regelmäßige), die von den motorischen Zentren des Gehirns gesteuert werden.

Objektpermanenz (auch Objektkonstanz): Eine geistige Errungenschaft in den ersten zwei Lebensjahren; das Baby lernt, dass Objekte und Menschen unabhängig von seiner Wahrnehmung existieren. Der Begriff stammt aus dem Werk Piagets.

Präverbal: Vor der Fähigkeit, Gedanken, Gefühle, Vorstellungen u. Ä. in Worten auszudrücken und damit ins Bewusstsein zu bringen.

Regression: Psychischer Vorgang, bei dem das Kind zu Etappen seiner Entwicklung zurückkehrt, die es bereits überschritten hatte. Ein Zurück zu Verhaltensweisen und Ausdrucksformen einer früheren Entwicklungsstufe.

Symbiose: In der Biologie ist damit das Zusammenleben unterschiedlicher Organismen zum gegenseitigen Nutzen gemeint. Die Psychologie hat diesen Begriff auf die Beziehung von Mutter und Kind übertragen.

Trauma, traumatisch: Ereignis im Leben einer Person, das so intensiv auf sie einwirkt, dass sie nicht in der Lage ist, angemessen zu reagieren. Die Erschütterung kann dauerhafte Schäden im Aufbau des Seelenlebens hervorrufen.

Übergangsobjekt: Gegenstand, der für das Kind eine wichtige Bedeutung hat, z. B. Kuscheltiere. Der Gebrauch und die Zuflucht zu solchen Dingen erleichtern dem Kind den Übergang von der Beziehung zur Mutter zur Welt hin.

Informationen über PEKiP-Gruppen in ganz Deutschland bekommen Sie unter folgender Adresse: PEKiP e. V., Geschäftsstelle Heltdorfer Straße 71 47269 Duisburg

Literatur

Empfohlene und verwendete Literatur

Brazelton, T. Berry: Ein Kind wächst auf. Stuttgart 1995

Ders.: Babys erstes Lebensjahr. München 1996

Ders./Bertrand G. Cramer: Die frühe Bindung. Stuttgart 1991

Chesler, Phyllis: Mutter werden. Die Geschichte einer Verwandlung. Hamburg 1980

Dornes, Martin: Der kompetente Säugling. Frankfurt/Main 1993

Ders.: Die frühe Kindheit. Frankfurt/Main 1997

Hilsberg, Regina: Schwangerschaft, Geburt und erstes Lebensjahr. Hamburg 1988

Largo, Remo: Babyjahre. München, Zürich 1993

Piontelli, Alessandra: Vom Fetus zum Kind: Die Ursprünge des psychischen Lebens. Stuttgart 1996

Pulkkinen, Anne: Babys spielerisch fördern. München 1999

Schmauch, Ulrike: Kindheit und Geschlecht. Frankfurt/Main 1993

Sichtermann, Barbara: Leben mit einem Neugeborenen. Frankfurt/Main 1981

Stern, Daniel N.: Die Lebenserfahrung des Säuglings. Stuttgart 1992

Winnicott, D. W.: Reifungsprozesse und fördernde Umwelt. Frankfurt/Main 1984

Ders.: Familie und individuelle Entwicklung. Frankfurt/Main 1989

Ders.: Kinder. Gespräche mit Eltern. Stuttgart 1994

Zimmer, Katharina: Was mein Baby sagen will. München 1997

Dies.: Wenn Eltern laufen lernen. München 1998

REGISTER